セーフティネットと集団

新たなつながりを求めて

玄田有史＋連合総研 編

日本経済新聞出版

セーフティネットと集団――新たなつながりを求めて――目次

序章

安全とつながりの手応えを得るために

玄田有史

本当の平時を取り戻すために

2020年に新型コロナウイルスの感染が拡大してから、3年以上の歳月が過ぎた。2023年春時点で、日本における検査陽性者数は累計で3300万人を超え、感染による死亡者数も7万人以上に達した。夏冬の旅行や帰省のシーズンなど、人々の移動が一斉化するごとに定期的に重症者数も急増を繰り返してきた。

岸田文雄首相は2023年の年頭記者会見で新型コロナウイルス対応にも言及し、「まだ安心できる状況にはありませんが、こうした皆様の御努力を力に変えて、足元の感染状況に十分注意しながら、いわゆる第8波を乗り越え、今年こそ平時の日本を取り戻してまいります」と述べた。はたして、すべての不安から解放された本当の平時は、いつになればやってくるのだろうか。

感染は、多くの人々の身体を脅かしただけでなく、心や生活にも甚大な影響をもたらした。1998年から2011年まで年間3万人を上回っていた自殺者数は、2010年代に入ってから減少傾向を続けていた（警察庁「自殺統計」）。だが、感染が拡大した2020年になると、自殺者数は再び増加を見せ始め、なかでも女性の自死が当初より深刻化し、その後男性の自死も増えることとなった。

15歳以上人口から就業者を除いた無業者の数は、東日本大震災後の2012年をピークに毎年減少してきた（総務省統計局「労働力調査」）。女性や高齢者が仕事に就くことはそれまで以上に一般的となり、同時に生じていた人手不足の広がりを一部で食い止めた。それも2020年になると、本人や家族が感染する恐怖から、働くことを断念した「働き止め」を選ばざるを得ない女性や高齢者の無業者が増える事態が生じた。

「シーセッション（She-cession）」とも称された、感染拡大が女性に対して特に困難な状況をもたらしてきた万国で共通した事実など、感染が収束した後も、決して忘れてはならないだろう。

迅速な対応の背後で

無論、パンデミック（感染の世界的大流行）という不測の緊急事態において、国内でなんら手立てがなされなかったわけではない。むしろ、対応の動き自体は迅速だった。

事業活動の縮小を余儀なくされた事業主に対しては、雇用保険に加入する従業員の雇用を維持（出向を含む）するため、休業手当などを一部助成する雇用調整助成金（雇調金）が、特例措置を伴いながら、かつてないほど大規模に支給された。雇調金は、特例開始後、累計で約6・3兆円にのぼる（2022年12月時点）。その結果、失業給付等のための雇用保険の積立金残高は、2022年度にほぼ枯渇する事態に至った。雇用保険に加入していない従業員を休業させる場合にも、休業支援金・給付金の支給がなされるなど、雇用維持のための幅広い施策が実行されてきた。しかしこれらの特例措置も2023年になると、順次終了している。

また、雇用を維持する事業主に対してだけでなく、生活が困難になった個人に対しても、さまざまな緊急支援が実施された。感染拡大前から実施されてきた生活保護や生活困窮者自立支援制度などにより、困難者の生活費や家賃を公的に支給したほか、個別の状況に応じた支援もなされてきた。生活のための緊急小口資金の特例貸付も行われ、利用できない世帯に対しても、求職活動または生活保護申請を条件に、新型コロナウイルス感染症生活困窮者自立支援金が用意された。

雇用や福祉に関する政策は、特例を含めて、現状の仕組みで実施可能なものは、ありとあらゆるものが総動員されたといっても過言ではない。ある会合で同席した、緊急対策を担当した官僚の「必要な措置だったが、金銭感覚がマヒしそうな怖さもある」とのつぶやきは、今も編者の1人（玄田）の耳に残っている。

もしこれらの迅速な措置が実施されていなければ、自殺者や無業者は、現状よりもさらに深刻化していたのは、まちがいない。その効果などについて、今後くわしい検証を行い、将来の危機対応に向けた教訓を得ることが求められている。

検討に際しては、量的な考察にとどまらず、雇用や生活の質についての影響に注目することも必要になる。そのときのキーワードになるのが、1つは「セーフティネット（安全網）」であり、もう1つが孤立や孤独の防止、もしくはそのための「集団」と「つながり」の力である。

浮き彫りとなった課題

長期化した新型コロナウイルスの感染拡大は、雇用や生活に多くの問題を生じさせた。特に、危機に対して準備されたはずのセーフティネットにも、パンデミックに対して脆弱な面があることが、はからずも露呈した。これらの問題には、新たに発生したものだけでなく、制度のわかりにくさや使いにくさなど、以前から懸念されてきたり、解決されてこなかった課題が、改めて浮き彫りになった点も少なくなかった。

あわせて2000年代以降、人々の孤立や孤独の強まりが、さまざまな局面で指摘されてきた。世帯人員が1人の世帯は増え続け、一般世帯の約4割に達する（総務省統計局「令和2年国勢調査」）。孤独死やひきこもりを懸念する指摘なども、もはや恒常化している。さらにパンデミックによって、「密」になることを避けざるを得なくなったことが、人々の孤立や孤独に追い打ちをかける結果となった。

こうした問題意識のもと、編者を含む本書の執筆者は、パンデミックの経験を踏まえた雇用や生活のためのセーフティネットの再検証、社会の基盤としての人と人のつながりの持つ新たな可能性や必要性などを探索してきた。そのために、労働経済、労働法、人事管理、社会保障、労使関係など、専門的な観点からの検討を行った。並行して、コロナ禍に影響を受けた個人や団体、セーフティネットの構築に関与してきた人々、ＥＲＧ（Employee Resource Group　第4章参照）のような新たな集団化を実践する人々などを対象に詳細なヒアリングも実施し、事実の把握につとめた。

そこではセーフティネットについて、設ければそれで終わりではなく、状況やニーズの変化に応じて常に変わり続けるという、不断の編み直しの重要性などが指摘された。第二、第三のセーフティネットを重ねたとしても、必ず「取りこぼされる人や状況」は出てきてしまう。だとすれば、制度も永遠に未完成であるという自覚も必要になる。その意味で、進行形（ing）としての「セーフティ・ネッティング」の認識と対応が、行政などの担当者だけでなく、社会に生きるすべての人々に求められている。

ただ、安全を編み続けるべき当事者は、社会に生きる一人ひとりであるとしても、個人の努力だけでは限界がある。安全の確保は本人による「自助」だけでは難しく、周辺や地域で支え合う「共助」や、国や社会全体での仕組みとしての「公助」だけでも十分といえない。これからは出会いや偶然などの大切さも無視しない、いわば「縁助」などもいっそう必要となってくるかもしれない。そのとき求められるのは、金銭や仕事にとどまらない、新しい人と人とのつながり、そしてその結果としての新しい集団の存在である。

集団とは、単に人が集まることだけを意味するのではない。むしろ個々の違いを活用し、個の総和や集計を超えた、集団ならではの効果や価値の創発こそが問われることになる。「共有」が、皆同じものを持っていることだとすれば、そのためには人数に見合った資源を広く確保する必要も生じる。

それに対し、資源が限られた状況やパンデミックのような緊急事態では、誰かが持っているものを、迅速かつ適切に分かち合う「分有」こそが求められる。困ったとき、誰かが必要なものを持っていることを誰もが知っており（集知）、必要に応じた貸し借りや分かち合いという行動（集動）が即座に実施されることも望まれる。そのためにも日ごろから「お互いさま」の信頼関係を構築していくことが、集団によるセーフティ・ネッティングそのものになる。

　そして、セーフティネットのたえざる編み直しを続け、新しいつながりや集団が形成された先には、何があるのだろうか。所得や富などの経済的価値や、安心や幸福などの精神的充足もさることながら、大切なのは「生きていける。生きていきたい」と心の底から実感できる、まさに生きていくことへの確かな「手応え」である。

　感染拡大によりリアルが分断され、先がいっそう見えなくなった状況のなか、真に必要とされてきたのが、未来に向かうための「手応え」だった。セーフティネットが用意すべきは、金銭や物資、訓練機会などの制度的措置に加えて、利用者と提供者がともに感じられる確かな効果や価値である。結果、孤独ではなく、孤立もしていないという、つながりのなかで自身の存在価値の手応えを相互に感じられることこそ、これから求められる集団の姿なのである。

＊

　本書では、セーフティネットとつながり・集団に関心のある多くの人々を念頭に、できるだけ読みやすい記述を心がけた。雇用労働、組合活動、社会保障、社会福祉、組合運動などに携わる実践者・経験者、関連する国・自治体などでの政策担当者、セーフティネットや孤立・孤独の防止などを研究する大学生や大学院生などに広くご一読いただければと思う。今後の考察のヒントを少なからずお示しできる内容になっているはずである。

本書の問いかけ

本書の主なねらいは、2つある。

第一に、雇用・生活に関連する「セーフティネット」について、パンデミックの対応を中心に制度や政策の検証を行うとともに、これからの改善に向けた提言を行う。コロナ禍において、現金給付や生活保護のみならず、求職者支援制度などを含む「第二のセーフティネット」は有効に機能したのか、セーフティネットから取り残される人たちを生み出さないためには、何がさらに必要となるかなどを、つまびらかにしていく。

そこでは、就職困難者や生活困窮者など、安全・安心を必要とする人々の観点から、コロナ禍があぶり出した仕事と生活に関するセーフティネットのあり方について、多角的な検証が行われる（第1章及び第2章）。さらにセーフティネットの評価には、利用者の立場からの検証と同時に、制度を支える提供者の観点からの評価も欠かせない。これまであまり知られることのなかった、セーフティネットの「基盤」を支えている人々の実情を、制度の仕組みとあわせて紹介し、今後のセーフティネット構築の道筋を新たに示す（第3章）。

第二に、感染拡大が明らかにした、社会における新たなつながりの必要性と、そこから形づくられる「集団」のあり方を問い直す。望ましいセーフティネットの構築には、財政的な基盤だけでなく、支え合いに基づくつながりや、困難下にある個々への集団的支援についての共感と実践が求められる。コロナ禍でいっそう顕在化した社会の個別化・分断化、及び現在求められている多様化への対応として、働くつながりや集団の新たな可能性を明らかにする。

具体的には、職場における集団によるつながりがいかなる現状にあり、どのような変化が見られつつあるのかを検証する。そこでは、新たな集団の可能性となる取り組みを続けている関係当事者へのインタビュー調査に基づく分析（第4章）、労働法の観点を中心に改めて考え直す労働組合をはじめとする集団のあり方に関する問題提起（第5章）、近年ドイツで実現したフリーランスの人々による新たな集団化の事例の紹介と考察（第6章）などが示される。

生活や雇用が不安定な個人のほうが、セーフティネットも脆弱であるといった不安定や陥穽の構造問題は、どのようにすれば解決に向かうことができるのか。従来の措置に欠けているのは何か。多様性の進行が、ややもすれば分断と孤立を加速させるかもしれないという新たな課題（ジレンマ）に対し、私たちはいかに立ち向かっていけばよいのか。そのための集団のあり方とは。

本書を通じて、コロナ禍が浮き彫りにした社会の諸問題を読み解き、いま求められる新たな安全のあり方と「つながり」とは何かを考えるきっかけにしていただければ幸いである。

第１章

雇用のセーフティネットを編む

――中間層に届かない支援

酒井正

はじめに

いまだ真価を問われていない「第二のセーフティネット」

人々が仕事を失った際の最初のセーフティネットとして想定されているのは、雇用保険の失業給付である。その失業給付がセーフティネットとして十分に機能していないとの指摘は、以前よりなされていた。非正規雇用として働く人々が雇用保険から漏れ落ちがちだからだ。

このことが顕在化し、クローズアップされたのが、2008年9月に起きたリーマン・ショックであった。「派遣切り」という言葉に象徴されたように、日本でも非正規雇用を中心に多くの雇用が失われたが、彼らの多くは失業給付を受けることができなかった。こうして、「雇用保障の弱い人々ほどセーフティネットも弱い」ことが広く知られるようになったのである。

このような問題認識の下に登場してきたのが、「第二のセーフティネット」という考え方であり、それを具現化した代表的な施策が、2011年に始まった求職者支援制度である。すなわち、従来の雇用保険から漏れ落ちた非正規雇用の人々などが失業した場合に、職業訓練と現金給付を提供する制度である。ただ、その後、労働市場が堅調だったこともあり、せっかく導入された求職者支援制度はあまり利用されずにきた。

新型コロナウイルスの感染拡大は、そのような状況の中で到来した。

これまで経験したことのない種類のショックに、経済も、飲食・宿泊業といった業種を中心に大きなダメージを受けた。他国よりは厳しくないものだったとはいえ、緊急事態宣言の発令などによる行動制限も行われた。感染拡大防止の観点から、単純に需要を喚起したり、供給を刺激したりすることで対応できないのがコロナ禍の難しさである。それでは、リーマン・ショック時に浮き彫りになった課題への1つの処方箋として導入された求職者支援制度は、今度こそ利用されたのだろうか？

新型コロナウイルスの感染拡大以来の利用動向を見る限り、求職者支援制度の利用者数は、ある程度は増えたものの、大幅な増加には至っていない。ようやく真価を問われるはずであった同制度は、なぜ利用者を大きくは伸ばすことがなかったのだろうか？

その最も単純な答えは、「求職者自体がそれほど増えなかったから」ということになろう。雇用調整助成金の特例措置（新型コロナ特例）が大規模に発動されたことで、離職者が抑えられてきたのだ。雇用調整助成金（雇調金）とは、業況が悪化した際に、従業員を休業させることなどで雇用を維持した場合に支払われる助成金であり、雇用保険制度における雇用安定事業の1つである。

だが、リーマン・ショック時などと比べて離職者の増加が大きくなかったとはいえ、困窮者が全く増えなかったわけではない。事実、第2章で見るように、生活福祉資金貸付制度や住居確保給付金といった他の「第二のセーフティネット」の利用者は大幅に増えていたのだ。求職者支援制度の利用をためらわせる何らかの理由が同制度自体にもあったかもしれない。

一方で、コロナ禍における雇調金の特例措置は3年間続き、その給付規模も累計で6兆円を超える前例のない規模となった。雇用保険料の積立金だけでは賄いきれず、税財源も大規模に投入した。リーマン・ショック時の雇調金の特例措置が3年間で1兆円程度の規模であったことを考えると、今回の措置がいかに大きなものだったかがわかる。コロナ禍では、このような同一企業の下での雇用維持によってセーフティネットが専ら担われてきたと言える。

ただ、雇用維持策に傾倒し過ぎたきらいもある。時には、労働移動を円滑に進めることこそが労働者にとってセーフティネットになる場合もあるはずだ。

　これほどまでに大規模かつ長期にわたった雇調金の特例措置を支えたロジックはどのようなものだったのだろうか？　そして、そこに課題はないのだろうか？

　本章では、コロナ禍が浮き彫りにした雇用保険制度の課題を材料として、どのように雇用のセーフティネットを編むべきか、考えてみたい。そのプロセスには、「第二のセーフティネット」として導入された求職者支援制度の検討も欠かせない。

　議論に先立ち、雇用のセーフティネットの見取り図を示すことから始めたい[1]。

1　コロナ禍の雇用のセーフティネット

雇用のセーフティネットの見取り図

図表1－1に示されるように、失業者をバスタブにたまる水とすると、失業者の数は失業状態へ流入する者の数と失業状態から流出する者の数によって決まる。これを失業のバスタブ・モデルという。景気後退は、失業への流入が増え、失業からの流出が減るという形になって表れる。したがって、雇用政策の1つの目的が失業を減らすことにあるとすれば、景

1 本章は、酒井（2022a）、酒井（2022b）、酒井（2022c）を基に、大幅に加筆・修正を行ったものである。

図表1-1　失業のバスタブ・モデル

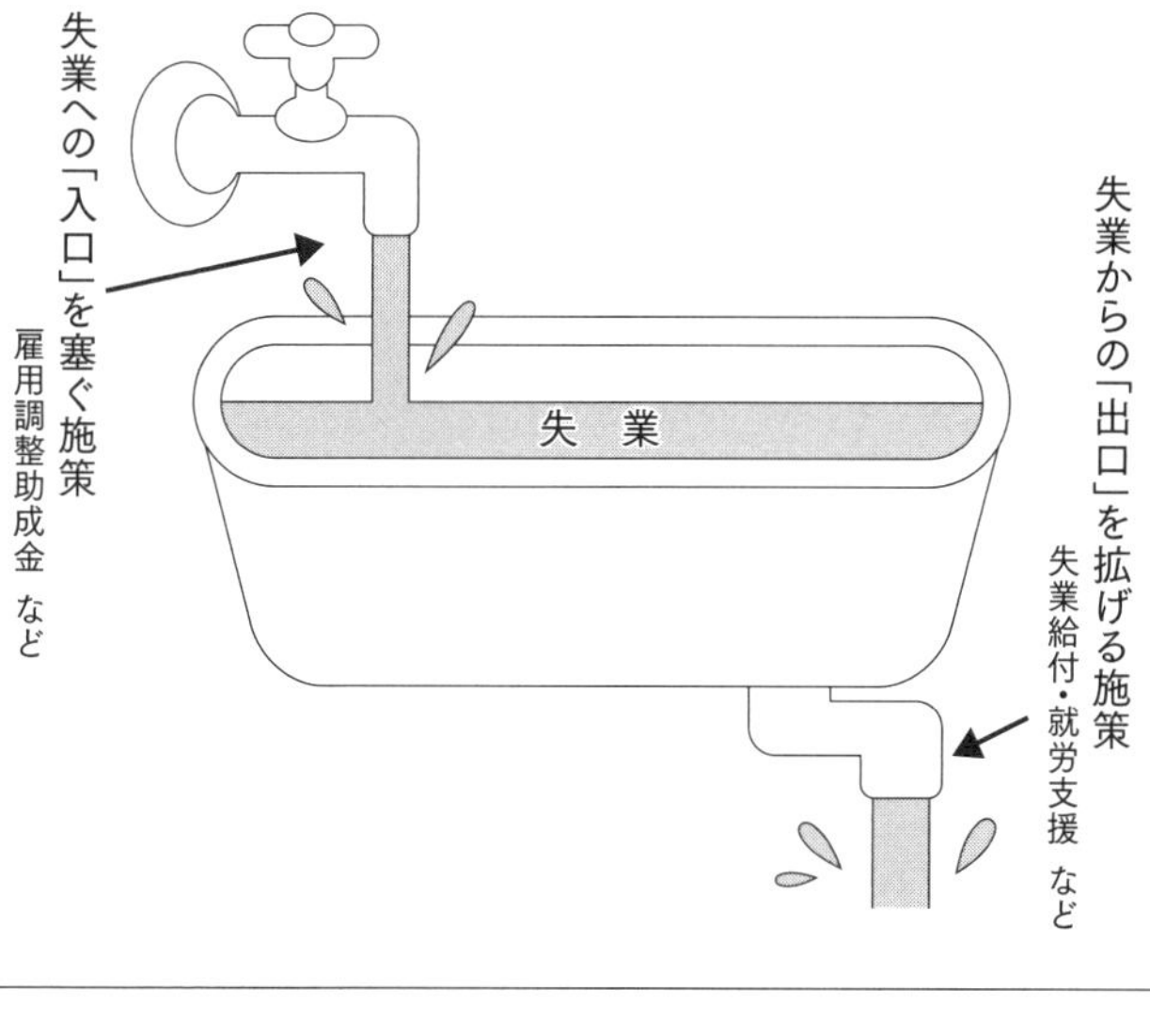

気後退時に失業者が増加するのを抑える施策としては、失業状態に陥る者を減らすか、失業状態から脱け出す者を増やすしかない。

雇調金のような雇用維持策は、失業への「入口」を絞るという意味を持つ。これに対して、失業給付や職業訓練のような就労支援策は、失業からの「出口」を拡げる役目を果たすと整理できる。後に議論する求職者支援制度も、基本的には失業から脱出することを助ける施策だ。これらの施策が両輪となって、雇用保険制度が構成されている。

雇調金が労働需要側（＝企業）に働きかけるものであるのに対して、職業訓練などは労働供給側（＝求職者）に作用するものである。ただし、失業からの脱出を促すのは、労働供給側に対する施策だけとは限らない。企業の雇用に対して助成することで、失業からの「出口」を拡げることも可能だ。

各種の雇用対策は補完的な面もあれば、代替的な面もある。あるべき政策の展開としては、各種の施策間の関係をよく把握したうえで、雇用危機のフェーズに応じて、重点を置く施策を切り換えてゆくことになる。労働者の立場からすれば、それが失業への「入口」を絞る施策であるか「出口」を拡げる施策であるかにかかわらず、全体としてセーフティネットが機能していることこそが肝要だ。したがって、コロナ禍における雇用のセーフティネットを評価するにあたっては、施策間の切り替えがスムーズに行われたのかという視点からも検討されなければならない。

雇調金によって担われてきたコロナ禍のセーフティネット

失業率の推移を示した**図表1-2**から明らかなように、コロナ禍では、リーマン・ショック時と比べて失業率の上昇が顕著に小さかった。それは、雇調金の特例措置が大規模に発動されたことによるとされる。

この点に関して、厚生労働省『令和3年版 労働経済の分析（労働経済白書）』は、失業率を2・6％程度抑制する効果があったとしている。[2] ただし、この「抑制効果」は、雇調金の支給がなければ、助成金の対象者がすべて失業したと仮定したうえでの推計値であり、過大に推計されている

2 2020年4～10月を対象期間とした推計値。緊急雇用安定助成金を含む値。

図表1-2　失業率の推移

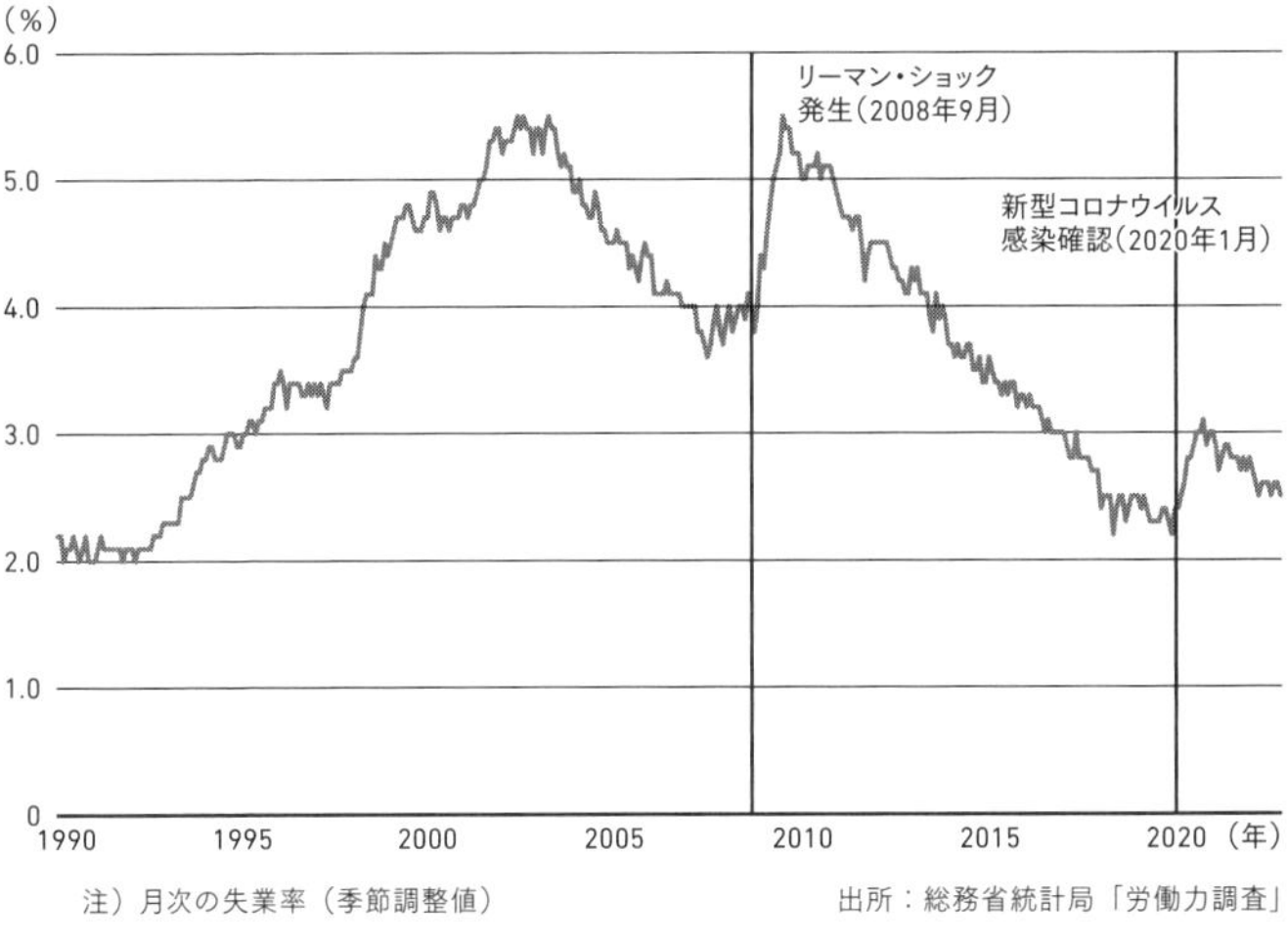

注）月次の失業率（季節調整値）　出所：総務省統計局「労働力調査」

可能性があることは否めない（川口２０２１）。

とはいえ、この推計値が過大だったとしても、感染拡大当初に休業者の数が急増していたことに加え、就業から失業への遷移確率がリーマン・ショック時と比べて上がらなかったことからも、雇調金が失業への流入をある程度抑えてきたことは確かだと思われる。もちろん、雇調金だけが失業率上昇の抑制要因だったと断ずるつもりはなく、人手不足という基調の下で失業率が上がりにくかったといった理由など、複合的な要因の結果だったと見ることが妥当ではあろう。[3]

雇用のセーフティネットが雇調金に偏っていたことは、雇調金の支給額が初年度だけで３兆円を超えたのに対して、同期間の失業手当（一般被保険者への求職者給付）は前年度比で２７００億円程度しか増えていなかったことにも表れている。

それでは、今回の雇調金の特例措置は具体的にどのようなものだったのか。通常の雇調金の助成要件は、「直近３か月間の売上高等の指標が前年同期と比べて10％以上減っていること」であったのが、新型コロナ特例では、「最近１か月間の売上高等が前年同月比で５％以上減少していること」となり、大幅に要件緩和された。助成の上限額が引き上げられ、助成率も休業手当の最大10割と手厚かった。また、従来の雇調金では、対象となる労働者は、雇用保険の被保険者として６カ月以上を経た者だったが、新型コロナ特例では、この被保険者期間要件も撤廃された。

同時に、緊急雇用安定助成金（緊安金）を創設し、雇用保険の被保険者でない従業員についても、休業などを実施した場合には雇調金と同様の助成を行うことにした。この緊安金は、いわば非正規雇用版の雇調金と言える。雇用保険の被保険者以外も対象としている意味では、緊安金も、後に述べる「第二のセーフティネット」としての性格を有していると言えるかもしれない。

この特例措置の実施にあたっては、迅速な支給が要請されたことから、申請の際の必要記載事項の大幅な削減と簡略化が行われた。

以上の措置は2020年4月から開始され、当初は2020年9月末までの予定だったが、新型コロナウイルス感染の再拡大もあり、度重なる延長を経て、上限額や助成率がわずかに引き下げられただけで3年目に突入することになった。休業の実態がないのに休業させたと偽るなど、不正受給も発覚するようになってきた。

なお、最初の2年間は、業況特例の適用の要件となる生産指標の落ち込みも支給開始時にしか確認されず、企業の立場からすれば、一度受給し始めれば、その間はいつまでも特例を受けられる状態だった。

2022年7月頃になって、ようやく毎週の支給決定額が200億円を下回るようになった。そして、ついに2022年12月からは雇調金の支給要件は通常に戻ることになり、特に業況の厳しい事業主のみに経過措置が適用されることになった（2023年3月まで）。こうして、ようやくコロナ禍における雇調金の特例措置が終了することになったのである。

3 コロナ禍が日本の労働市場に及ぼした影響に関する研究をサーベイしたものとして、照山・木村（2022）が参考になる。

雇調金利用の実態

雇調金の特例措置の利用状況を、業種別（大分類別）に見てみると、支給総額の4分の1を「製造業」が占め、「卸売業、小売業」「宿泊業、飲食サービス業」「運輸業、郵便業」がそれに続く（各10～15％）。一方で、緊急雇用安定助成金に関しては、支給総額の過半を「宿泊業、飲食サービス業」と「卸売業、小売業」が占めている状況だ。[4] コロナ禍では接客業を中心にダメージが大きいとされたが、それらの業種では、もともと雇用保険の適用から漏れ落ちがちな非正規雇用が多かった。緊急雇用安定助成金がそれらの業種を中心に利用されていたことは、同助成金がその役割をある程度果たしていたことの傍証として見ることができるかもしれない。

また、利用状況を企業規模別に見ると、「100～299人」規模の企業で利用割合が高い傾向にあったという。[5]

雇調金の特例措置に関連する動きとして、休業支援金の導入という初めての試みもあった。新型コロナウイルスの感染拡大によって休業させられたにもかかわらず、会社から休業手当を支払われていない労働者に対して、その窮状を鑑み、国から現金給付が行われるようになったのだ（2020年7月より）。この休業支援金は、当初、中小企業のみを対象としたものだったが、2021年2月より、大企業の一部の非正規労働者も対象となった。

総じて、コロナ禍の雇用対策は、雇調金の特例措置という雇用維持策を柱として、大規模かつ迅速に行われてきたと言えるだろう。また、従来のセーフティネットから漏れ落ちがちな非正規雇用の救済を明確に志向していたことも特徴だ。

このような大規模な雇調金を支えたロジックの1つは、生産活動が停滞し、労働需要が収縮してしまった局面では、求職者に働きかける施策を行っても即効性に欠けるということだろう。それよりも、労働需要側を直接的に支えたほうが当面の失業増加を防ぐのには有効だ。また、感染症の拡大を防ぐため、政府が緊急事態宣言のような形で生産活動の自粛を要請したことで売り上げが落ち込んだのだから、それらが補償されるべきとの考えが、特例措置の継続を後押ししていたことも事実だ。[6]

雇調金が失業率の上昇を抑えてきたことが確かな一方で、失業率という統計には表れない形の困窮が増えていた可能性があることには留意が必要と思われる。パートやアルバイトとして働く人々の中には、シフトの減少によって、職を失ってはいなくても、収入の大幅な減少を被った者も少なくなかった。本書の第2章で取り上げるようなセーフティネットは、そのような困窮者の受け皿となっていたのかもしれない。

4 厚生労働省「労働政策審議会職業安定分科会雇用保険部会」(第157回資料)
5 厚生労働省「令和3年版 労働経済の分析」
6 ただし、行動制限が出されなければ感染がさらに拡大し、生活や経済はもっと大きなダメージを被っていた可能性がある。我々は行動制限による負の影響を受けつつも、全体としては受けている恩恵のほうが大きいのかもしれない。また、内外の実証研究が示すように、営業自粛要請がなかったとしても、消費者の自主的な感染回避により売り上げは大きく落ち込んだ可能性もある(Goolsbee and Syverson, 2021, Watanabe and Yabu, 2021)。

コロナ禍の雇調金の課題

以上のように、大いに活用されて来た雇調金の特例措置であるが、それが長期にわたるなかで、さまざまな懸念も指摘されるようになっていた。長期間の休業による労働者の就業意欲の低下や、企業による不正受給の問題も看過できないが、最も大きな批判は、雇調金が経済のダイナミズムを失わせているというものだろう。

もともと雇調金には、失業の未然の防止に資する一方で、ゾンビ企業を延命することで産業の新陳代謝を遅らせ、本来、行われるべき労働移動を阻害してしまうとの批判が常につきまとってきた。

助成要件の緩和や助成率の引き上げといった措置は、リーマン・ショック時や東日本大震災の際にも行われたが、それらの効果を検証した労働政策研究・研修機構の報告書によれば、受給期間中には（受給事業所における）離職率は総じて低く抑えられる一方で、たしかに、受給終了後には離職や事業所の廃業が多くなることが指摘されている。[7]

ただ、この事実自体は、必ずしも雇調金のネガティブな側面の証左というわけではない。と言うのも、そもそも雇調金の主な目的は、当面の雇用維持を支援することで、「時間を稼ぐ」ことにあるからだ。むしろ、雇調金が存在したことで、雇用情勢が回復し始めた頃に円滑な再就職が可能になったと見ることもできる。

たしかに、企業が、売り上げの回復が見込まれないにもかかわらず、無駄に時間稼ぎをして、雇調金を受給し続けているならば問題だ。だが、売り上げが回復するかどうかを見極めることは個々の企業自身にも難しい。業績の回復を信じて受給していても、なかには復活を遂げられない事業所も出てくることだろう。それらをすべて、「モラルハザード」であるかのように言うことは適切ではない。

そうは言っても、企業も労働者も、雇調金を一度受給し始めれば、それに依存してしまいがちなことも1つの実態であろう。対症療法だけをずっと続けているようなものだ。特に、緊急事態宣言などの行動制限が発令されなくなった後も、あれほど高い助成率で補助を行い続けた正当な理由は果たしてあったのだろうか。

また、一部の業種に見られるように業績がコロナ前の水準までには回復していないとしても、それは人々の消費行動などがコロナ禍で変わってしまった結果である可能性もある。そうであれば、その業種の労働者には職種転換などを促すほうがセーフティネットとしては有効かもしれない。

財政的な観点からも、長々と雇用維持に助成していても、最終的に企業が雇用を維持できなくなれば、その後に労働者に対して失業給付を支給することになる。その意味で、セーフティネットの費用は二重にかかってくることになる。

7　独立行政法人労働政策研究・研修機構「雇用調整助成金の政策効果に関する研究（労働政策研究報告書No.187）」

雇調金によって同一の企業の下で雇用が維持されることは、労働者の立場からすれば、（離職するよりも）身に付けたスキルが失われずに済むといったメリットもある。だが、結局は離職して求職活動せざるを得ないのであれば、そのメリットも小さくなってしまう。

根本的な問題は、特例措置をどのタイミングで縮小・停止するかという「出口戦略」があらかじめ定められていなかったことだ。災禍が継続している以上、ある施策の出口を見つけるということは、別の施策に切り換えることに他ならないので、その「切り換え」のルールが整備されていなかったとも言い換えることができる。一定期間、継続して受給した後は、段階的に助成が縮小されるといったルールをエビデンスに基づいて決めておくことで、企業も労働者もそれを織り込んで行動することができる。

ただ、出口戦略とは、結局のところ、特例措置を発動した根拠にかかっているとも言える。その意味では、特例措置を発動した根拠を巡って、もう少し議論を尽くしてもよかった。

また、労働需要側を支えるにしても、労働移動なしの雇用維持にこだわらずに雇用助成を行う方法もある。コロナ禍で導入された在籍型出向を促す産業雇用安定助成金のような施策には、もっと比重が置かれてもよかったかもしれない。

とはいえ、その特例措置も終了した。この未曽有の規模の雇調金がもたらしたものについては、今後、丁寧な検証が求められる。その際には、労働者の立場から、離職して失業給付を受給した場合と、雇調金によって雇用が維持された場合の影響を比較することが重要になるだろう。

今回の特例措置を利用した企業は、正社員については雇用を減らしていない一方で、非正社員や派遣労働者については雇用を減らしていたという（酒光2021）。結局、雇調金は、正社員にのみ雇用維持効果を持っていたということだが、緊安金という形で非正規雇用にも雇調金利用の道が開かれたにもかかわらず、なぜ非正規雇用への雇用維持の効果は低調だったのか。その原因の解明も必要だろう。

以上のように、雇調金による雇用維持を主な柱として行われてきたコロナ禍の雇用対策であるが、失業からの「出口」を管理する施策には特別な対策は講じられてこなかったのだろうか。コロナ禍においては、失業給付に関する措置は軽微な変更にとどまったが、雇用保険から漏れ落ちた者のためのセーフティネットである求職者支援制度には、さまざまな特例措置が講じられた。そこで次に、この求職者支援制度について見てみることにする。

2　「第二のセーフティネット」としての求職者支援制度

「求職者支援制度」とは何か

求職者支援制度は、雇用保険の被保険者でなかったり、雇用保険が適用されていても受給資格がないといった理由から、雇用保険を受給できなかったりした場合に、無料の職業訓練（求職者支援訓練）を受講できる制度である。雇用保険の附帯事業と位置付けられている。本人や世帯の収入が一定額を下回る場合には、職業訓練の期間中に月10万円の生活支援のための給付金（職業訓練受講給付金）を受け取ることができる。

訓練を受講できるのは、雇用保険被保険者や雇用保険受給資格者でないことに加え、①働く意思と能力があり、②ハローワークに求職の申し込みをしている者で、③ハローワークによって訓練受講が必要と認められた場合である。なお、ここで、雇用保険被保険者や雇用保険受給資格者ではない者として具体的に想定されているのは、再就職できないまま失業給付を切らしてしまった者や学卒無業者、離職しても雇用保険の受給資格がない非正規雇用といった人々である。

訓練期間中の所得保障である職業訓練受講給付金を受給するには、先述の訓練受講の要件を満たしたうえで、さらに、(1)本人収入が月8万円以下、かつ(2)世帯全体の収入が月25万円以下で、(3)世帯全体の金融資産が300万円以下、(4)現在の居住場所以外に土地・建物を所有しておらず、(5)訓練の8割以上に出席していることが要件となる。したがって、親や配偶者との同居などによって、一定額以上の世帯収入がある場合などには、職業訓練は受講できるが、給付金は受給できないことになる。

また、月10万円の訓練受講手当とは別に、訓練機関へ通所する際の定期券代などに充てる通所手当（月額上限4万2500円）や、家族と別居して通所する場合の寄宿手当（月額1万700円）もある。さらに、給付金を受給しても生活費に不足する場合、（給付金に上乗せする形で）資金を融資する制度（求職者支援金融資）もあり、単身者の場合には月額5万円が、扶養家族がいる場合には月額10万円が融資される。

雇用保険から漏れ落ちた人々のための求職者支援制度だが、その財源は雇用保険料に大きく依存している。国庫（租税など雇用保険料以外）による負担の割合は、本則では2分の1だが、2017年度から21年度までは、その10分の1、すなわち5%まで引き下げられていた。現在は、それよりは引き上げられているものの、27・5%である。したがって、いまだ求職者支援制度に関わる支出の7割以上は、雇用保険料によって賄われていることになる。

直近の2021年度の求職者支援訓練の受講者数は約2万8000人、職業訓練受講給付金の受給者数は約1万3000人だった。求職者支援制度の予算として、2022年度は278億円が充てられている。

求職者支援訓練の受講者の7割は女性である。これは、そもそも雇用保険から漏れ落ちる非正規雇用には女性が多いことと関係している。年齢階層別には、受講者の3割が20代であるが、30代・40代・50代もそれぞれ2割程度を占めている。

雇用保険の受給資格者も求職者支援訓練を受講できる点には注意が必要だ。2021年度の実績値では、求職者支援訓練の受講者のおよそ5割は雇用保険の受給資格者である（**図表1-3**）。

一方で、雇用保険の受給資格者以外の者も、公共職業訓練などを受講することができる。受給資格者以外の受講者のうち、公共職業訓練などを受講した者は2021年度では約54%だった。

求職者支援訓練の受講者数が、受給資格者以外の者で職業訓練を利用した者の数をそのまま表しているわけではないということだ。

職業訓練受講給付金についても、求職者支援訓練の受講者数の約3割が同給付金を受給しているが、公共職業訓練などを受講しながら給付金を受給する者もいるため、雇用保険の受給資格者以外で訓練（求職者支援訓練や公共職業訓練など）を受講した者全体に占める給付金の受給者の割合という意味では45％程度である。

求職者支援訓練と公共職業訓練におけるこのような相互利用自体は、訓練資源の効率的な活用という観点から大いに評価されるべきことだ。ただ、雇用保険から漏れ落ちた者のセーフティネットとして求職者支援制度を正確に評価するという目的からは、本来は、雇用保険の受給資格者以外で訓練を受講した者の数こそが重要であると考える。しかし、現時点では、求職者支援制度に関係する公表資料は求職者支援訓練の受講者数のみを基礎としているので、本章でも、以降の議論は、求職者支援訓練の受講者数に基づいて進めることにする。[8]

図表 1-3　公共職業訓練と求職者支援訓練の相互利用の関係

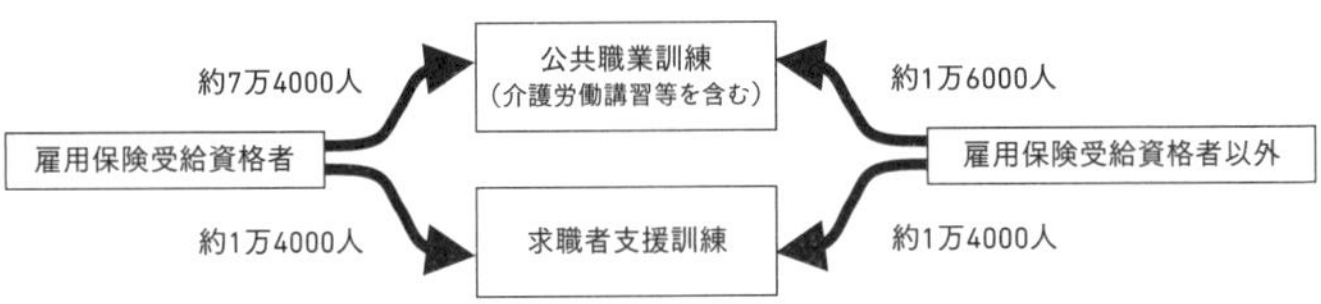

注）2021年度の実績

「求職者支援訓練」の内容

求職者支援訓練は、民間の教育訓練機関に委託された訓練である。独立行政法人の高齢・障害・求職者雇用支援機構（JEED）が、民間の機関が実施する職業訓練を、都道府県ごとに策定された地域職業訓練実施計画に基づいて求職者支援訓練として認定する。基本的に委託訓練のみであるところが、公共職業訓練とは異なる点だ。

求職者支援訓練には、社会人としての基礎的な知識や短時間で習得できる技能を身に付ける「基礎コース」と、仕事に必要な実践的な技能を身に付ける「実践コース」とがある。前者の「基礎コース」は、ビジネスパソコン基礎科やオフィスワーク基礎科といった科目であり、訓練期間は2カ月から4カ月である。一方、後者の「実践コース」の訓練期間は3カ月から6カ月であり、「IT」「営業・販売・事務」「医療事務」「介護福祉」「デザイン」といった分野のコースに加え、ネイリスト養成といった科目もある。受講者数は、「営業・販売・事務」や「デザイン」といった分野で多い。

このうち、IT分野には、ウェブアプリの開発を学ぶコースやプログラミング言語を学ぶコ

8　2022年7月より、雇用保険の受給資格者に対してハローワークの所長が受講を指示できる公共職業訓練などに、求職者支援訓練も加えられた。これによって雇用保険の受給資格者が求職者支援訓練を受ける場合にも、訓練延長給付や技能習得手当を受給できるようになった。雇用保険の受給資格者が求職者支援訓練を選択するハードルが下がった格好であり、相互利用はさらに進む可能性がある。

ースが含まれるが、必ずしもＩＴ業界への就職だけが想定されているわけではないという。むしろ、一般企業でＩＴを担当する人材を養成することが念頭に置かれる場合が多いようだ。

先に受講者が女性に偏っていることを述べたが、女性の割合は分野によってもだいぶ異なっている。医療事務や理美容といった分野では受講者のほぼ１００％近くが女性であり、営業・販売・事務やデザインでも７割以上が女性だ。他方で、介護福祉分野では男性が４割とやや高く、ＩＴ分野に至っては受講者の６割が男性となっている。

訓練の受講にあたっては、ハローワークが受講者ごとに就職支援計画を作成し、訓練実施機関と連携を図りながら就職までの支援を行う。訓練実施機関においても、キャリア・コンサルティングなどの就労支援を行う。近年の就職率（雇用保険が適用される仕事への就職率）は、基礎コースで５割超、実践コースで６割程度である。求職者支援訓練を実施する機関にも、就職率などに応じたインセンティブ（奨励金）が設けられている。

求職者支援制度導入の背景

２００８年９月に起こったリーマン・ショックを引き金に、わが国でも製造業を中心に「派遣切り」が行われ、その年の年末には、東京の日比谷公園では年越し派遣村もできた。翌年には、失業率も５％を超えた。そのような状況で、雇用が不安定な非正規雇用は、セーフティネットも脆弱であるという「二重の脆弱性」が指摘されるようになったことは、本章の冒頭にも述べた通りである。[9]

その背景には、従来の雇用保険の失業給付が、非正規雇用として働く者にとっては受給しにくい実態がある。よく知られているように、失業者のうち失業給付を受給している者の割合（受給者割合）は長期的に低下傾向にあり、現在では3割に満たない。この状況は、コロナ禍でも全く変わっていない。

受給者割合が低いのは、長期間にわたって失業し、再就職できないままに失業給付を切らしてしまった者がいることも理由だが、そもそも受給資格のない者が多いこともある。受給資格のない者の典型は非正規労働者である。

このように言うと、非正規雇用は雇用保険が適用されないために失業給付が受給できないように思われるかもしれない。たしかに非正規雇用では、正規雇用（正社員）に比べれば、雇用保険が適用されている者の割合は低い。

実はリーマン・ショックを機に行われた対策の1つが、非正規雇用が雇用保険に入りやすくする措置であった。具体的には、それまで1年間以上の雇用が見込まれる場合に雇用保険が適用されたが、2009年には6カ月以上あれば雇用保険が適用されるようになった。さらに、2010年には31日以上の雇用が見込まれさえすれば適用されるようになった。

9 求職者支援制度の導入に至る当時の雇用の状況や政策の動向については、玄田（2015）や金井（2015）に詳しい。

そもそも、雇用保険は短時間労働者も被保険者になりやすいように、他の社会保険に先駆けて、適用基準の1週間の所定労働時間を「20時間以上」に引き下げてきたのだ。その結果、現在では、パートタイマー労働者の6割、契約社員や嘱託職員の8割が雇用保険の被保険者となっている。雇用者全体に占める被保険者の割合は7割超であり、近年は若干上昇しつつある。それにもかかわらず、非正規雇用が失業給付を受給できないのは、雇用保険の非適用だけが理由ではないことが推察される。

そうだとすると、その他の要因としては、（雇用保険が適用されてはいても）受給資格要件である被保険者期間を満たしていないといったこともあると推察される。非正規雇用からの失業者は、もともと被保険者期間が短い傾向にあるため、受給資格を満たしていたとしても、現行の仕組みでは所定給付日数は短くなり、失業給付を切らしがちなこともあるかもしれない。いずれにせよ、失業者のうち非正規雇用からの離職者が過半を占める現在にあって、彼／彼女らにこそ失業給付が届かなければ雇用のセーフティネットとして意味を成さない。

ただ、このように考えれば、保険料の拠出を条件に給付を行う社会保険の仕組みに則っている以上、短期間・断続的な就業をしがちな非正規雇用を雇用保険によって救済することが難しいのは当然とも言える。「二重の脆弱性」を解消するには、社会保険以外の仕組みが必要となる。

そこで登場するのが、「第二のセーフティネット」という考え方である。これは、「第一のセーフティネット」である雇用保険と「最後のセーフティネット」である生活保護の間にある安全網という意味だが、その要諦は、保険料の拠出と給付のリンクを弱め、必ずしも保険料の拠出を前提とせずに給付を行うことにある。

そして、この「第二のセーフティネット」という理念を具現化した制度の1つが、2009年7月より実施された緊急人材育成・就職支援基金による職業訓練（基金訓練）を前身として、2011年11月に導入された求職者支援制度なのである。

「三層の安全網」

この求職者支援制度を含むコロナ禍の「第二のセーフティネット」の位置付けに関して、厚生労働省が整理したものが**図表1-4**である。三層のセーフティネットが描かれているが、この図において重要なのは、求職者支援制度は、（失業等給付の下ではなく）雇用保険二

図表1-4　各セーフティネットの関係

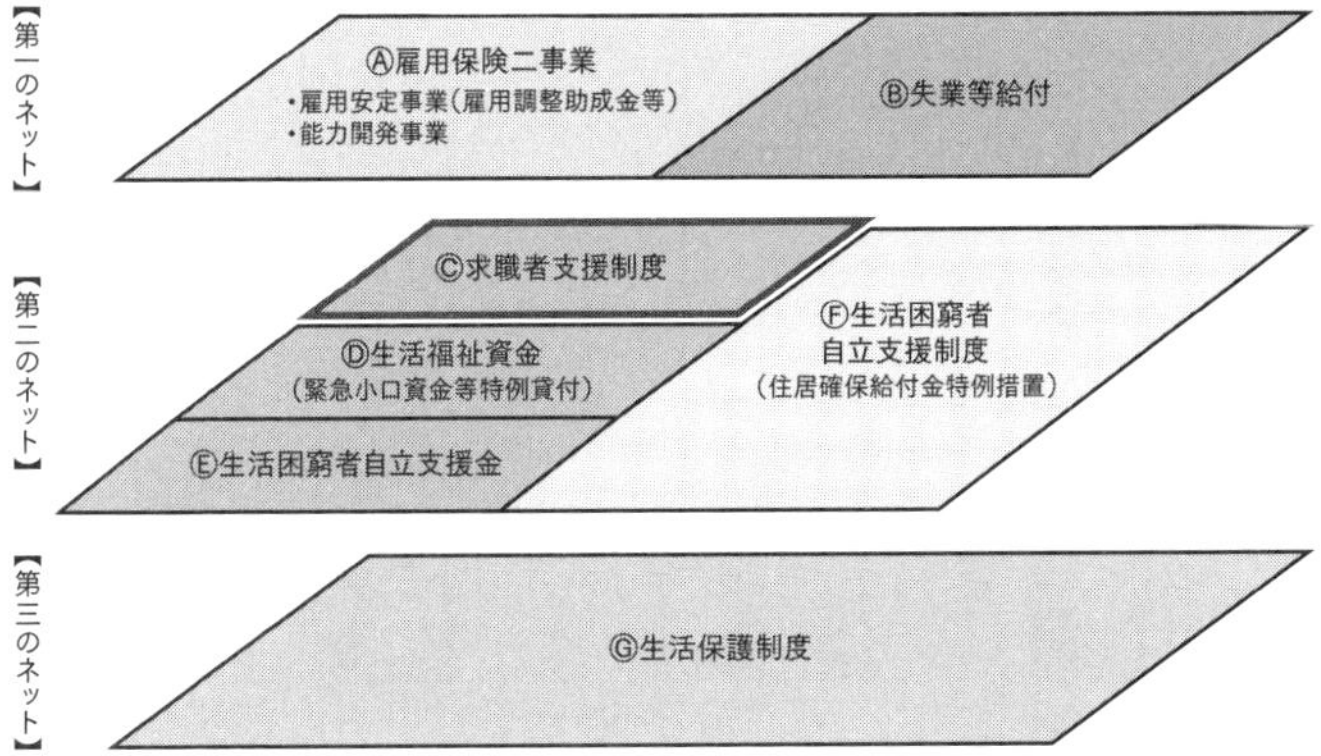

出所：厚生労働省「雇用保険制度研究会」（第3回資料）を筆者が簡略化

事業の下に位置付けられている点である。あくまで職業訓練を必要とする者が「第一のセーフティネット」から漏れ落ちた場合に限り救済する制度との位置付けだ。

一方、セーフティネットの第二層において、失業給付に代わるのは生活困窮者自立支援制度などであると整理されている。現行の「第二のセーフティネット」は、職業訓練や家賃といったニーズごとに別個の制度が対応していることになる。第二層におけるこのような安全網の張り方が、実際に機能しているかどうかについては後に議論したい。

さて、以上のような背景の下に導入された求職者支援制度だったが、求職者支援訓練の受講者数は、導入直後の２０１２年度に９万９０００人を記録したのをピークとして、

図表1-5　求職者支援制度の実績

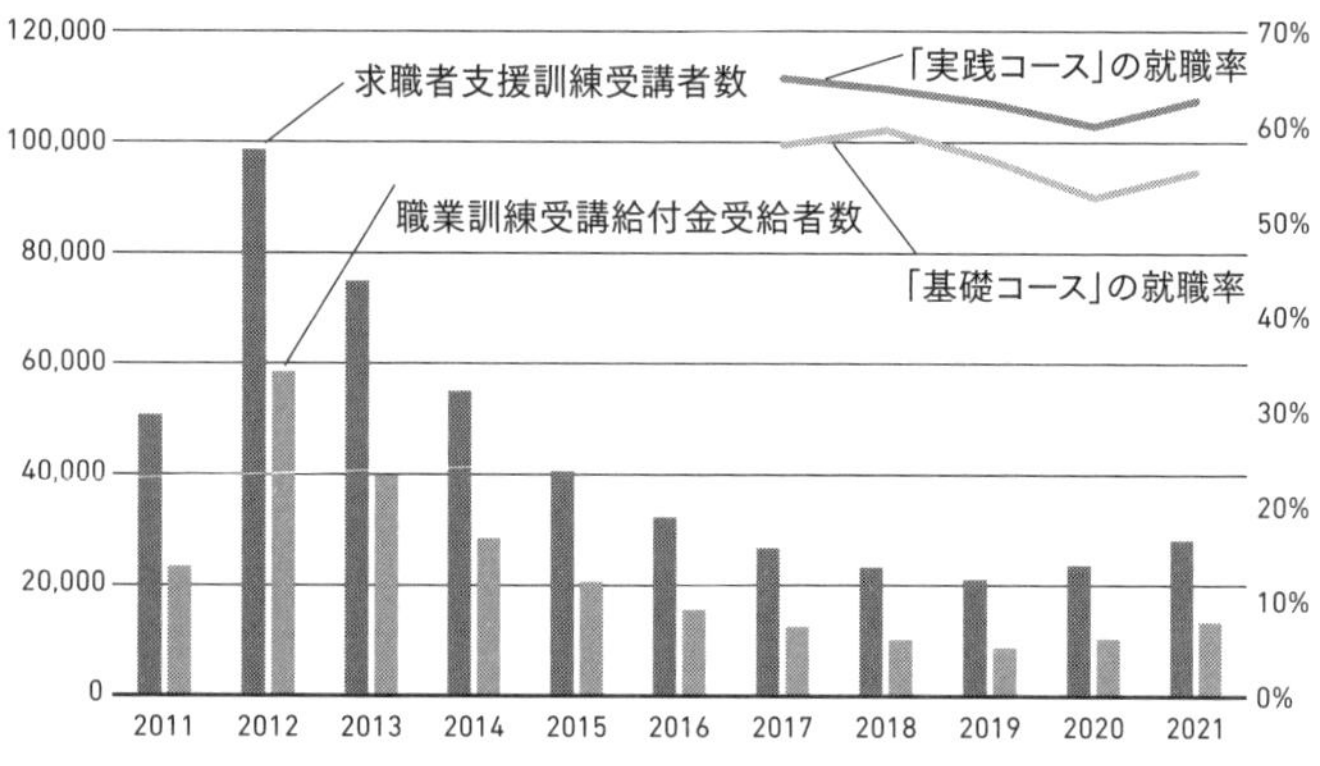

出所：厚生労働省「雇用保険制度研究会」（第3回資料）、「中央訓練協議会」（第27回資料）

以降は減り続け、2019年度には2万1000人まで落ち込んでいた（図表1－5）。職業訓練受講給付金の受給者数も1万人を割り込んでいた。その最も大きな要因は、言うまでもなく労働市場が堅調だったことにある。たしかにコロナ前の2019年には、失業率は2・4％まで低下し、有効求人倍率も1・6に達しており、労働需給は空前の逼迫を示していた。

とはいえ、失業者数や求職者数は2012年から19年までの間に4割程度しか減少しなかったのに対して、同期間に求職者支援訓練の受講者数は約8割も減っていたのだ。求職者支援制度の利用が落ち込んだのは、単に労働需給の逼迫だけが理由ではなく、別の要因もあると考えるのが自然ではないだろうか。

3　求職者支援制度の課題

要件緩和された求職者支援制度

2020年1月にわが国で新型コロナウイルスの感染者が初めて確認され、同年4月に緊急事態宣言が発令された後も、求職者支援制度の利用者が急増したわけではなかった。2020年度を通した求職者支援訓練の受講者数は2万3734人と、前年度比で13％増えただけだった。その理由は、繰り返しになるが、新型コロナウイルス感染拡大の当初より雇調金の特例措置（新型コロナ特例）が大規模に発動されてきたために、失業者の増加が抑えられてきたことによるところが大きい[10]。

ただ、その一方で、正規雇用に比べて非正規雇用者数の減少の大きいことが指摘され、「第二のセーフティネット」の必要性が意識されることにもなった。また、先にも述べたように、雇調金の特例措置という雇用維持策が長引くにつれ、産業にとって本来必要な新陳代謝が妨げられているとの懸念も増し、雇用維持策に代わって、労働移動を促す手段としての職業訓練全般に対する期待も高まっていった。

このような動向を受けて、以前より使い勝手の悪さが指摘されていた求職者支援制度に、時限的な特例措置が講じられることになった（**図表1-6**）。それらの多くは、従前の要件を緩和するという形で行われた。

なお、厚生労働省は、ハローワークにおいて求職者が求職者支援訓練の受講に至らなかった事例を紹介している[11]。そこには、配偶者や親の収入の存在によって世帯収入の要件が満たせず、給付金を受けられないために受講も断念したというケースや、母子家庭などで子どもの世話をする必要から、欠席せずに訓練に通うことが難しいために受講を断念した例が見られる。また、「早期の再就職を希望するが故に訓練は受講しない」といった声も見られる。以下に詳述する特例措置は、それらの声に対応したものと考えることができる。

まず、2021年2月から、職業訓練受講給付金の受給にかかわる本人収入要件が、それまでの「月8万円以下」から（シフト制で働く者などについては）「月12万円以下」に引き上げられた。シフト制で働く者は月ごとの収入の変動が大きいため、一時的に収入要件を上回ってしまい、受給できないことがある。このため、本人収入の要件を緩和することで、非正規雇用の者を受給しやすくさせる意図がある。

2021年12月からは、給付金受給のための世帯収入要件が「月25万円以下」から「月40万円以下」に引き上げられた。これは、親や配偶者と同居する非正規雇用などの者が世帯収入要件に引っかかることで給付金を受けられない状況を解消するためのものだ。2019年の『国民生活基礎調査』（厚生労働省）によれば、世帯年収の中央値は437万円（≒36・4万円／月）なので、世帯収入要件が「月40万円以下」になることで過半数の世帯が対象範囲に入ることになる。

本人収入や世帯収入の要件の緩和は、それが行き過ぎれば、必ずしも困窮していない者までも対象としてしまう懸念はある。ただ、あくまで「第二のセーフティネット」として考えるならば、福祉のように、所得要件や資産要件をあまり厳しくし過ぎないほうがよいとも考えられる。なに

10 求職者支援制度の利用者があまり増えなかったのは、雇調金の特例措置による影響のほかに、休業支援金が利用されていたことによる可能性もある。

11 厚生労働省「労働政策審議会職業安定分科会雇用保険部会」（第156回・第158回資料）

よりも、求職者支援制度の利用が進まないなかで、大幅な要件緩和によってまずは利用促進を行うことは重要だ。

　また、求職者支援訓練は、従前では2カ月から6カ月というのが認定基準であったが、働きながらでも受講しやすくするために、短期間の訓練コースも認められ、2週間以上あればよいことになった。同様の意図から、訓練時間の認定基準も「月100時間以上」から「月60時間以上」に引き下げられた。併せて、オンラインによる訓練も促進されることになった。

　求職者支援制度が利用しにくい理由として、(給付金の受給に係る)訓練への出席率の要件が「8割以上」と厳し過ぎる点もしばしば指摘されてきた。従来は、病気などの「やむを得ない理由」によらない欠席・

特例措置	特例措置の適用数
シフト制で働く人などについては月12万円以下	906人（＊4）
月40万円以下	2270人（＊4）
理由によらず欠席を2割まで認める	4927人（＊4）
2週間から6カ月	1033コース（受講者数：5948人）（＊5）
60時間以上（/月）	
左記に加え、就業しながらスキルアップし、（転職せずに）正社員への転換などを目指す者も	24人（＊4）

（＊1）：2021年2月25日からの特例措置。

（＊2）：2021年12月21日からの特例措置。

（＊3）：2021年2月25日から仕事による欠席を認め、12月21日から理由によらず欠席を認めた。

（＊4）：2022年9月までの累計適用者数。

（＊5）：2020年度・2021年度に開講した実践コースの合計。

遅刻・早退が1日でもあれば、給付金は受給できなかったのである。しかし、非正規雇用として働きながら受講する者が、シフトが入っている日の訓練を欠席せざるを得ないといった場合がある。

そこでまず、2021年2月から、仕事で訓練を欠席せざるを得ない日を「やむを得ない理由」による欠席と同様に扱うことにした。さらに同年12月からは、「やむを得ない理由」以外の欠席も2割まで認めることにし、それら「やむを得ない理由」以外で欠席した日の給付金は日割りで減額することとした。

結局、理由によらず、欠席は2割まで認められるようになったことになる。求職者支援制度の対象者の中には、就業に何らかの困難を抱えているが故に雇用保険から漏

図表1-6 求職者支援制度に関するコロナ禍の特例措置（2023年3月までの時限措置）

	従前
給付金受給の本人収入要件（＊1）	月8万円以下
給付金受給の世帯収入要件（＊2）	月25万円以下
給付金受給の訓練出席要件（＊3）	病気などのやむを得ない理由による欠席であれば（訓練実施日の）2割まで認める
訓練基準	訓練期間：2カ月から6カ月
	訓練時間：100時間以上（/月）
訓練対象者（＊2）	再就職や転職を目指す者

れ落ちている者も含まれていることを見れば、厳格な出席要件を緩和する同措置は制度の本来の趣旨に合致するものと考えることもできる。

さらに訓練対象者の拡大も行った。それまでの訓練対象者が、あくまで「離転職を目指す場合」であったのが、働きながら受講を希望する場合には転職を希望しない者も対象者として加えられた。非正規雇用として働く者が、訓練によってスキルアップし、同じ社内で正社員を目指す場合などを想定している。

求職者支援制度の特例措置の利用状況

前出の**図表1－6**には、前記の各措置の2022年9月までの累計の適用者数も併せて示しているが、やむを得ない理由以外の欠席を認める措置や世帯年収要件の緩和措置の適用者が多いことがわかる。

また、訓練期間・時間の特例についても、1033のコースが認定され、それらのコースの受講者数も5900人を超えた。短期間・短時間コースでは、通常のコースに比べて、「営業・販売・事務」分野での開設が多い傾向にある。

オンライン訓練を実施するコースも、230コース以上が開講され、2200人以上が受講した。

これらの措置も功を奏したのか、2021年度の求職者支援訓練の受講者数は前年度と比べて増加した。雇用保険を補完する「第二のセーフティネット」としての利便性が高まったという点で、評価できるものだ。ただし、出席要件の緩和措置の適用者が多いことなどから、訓練を利用しやすくなることで、安易な受講などが増えるのではないかとの懸念は当然あるだろう。

また、短期間・短時間コースの開設も受講者の選択肢を拡げるものだが、それによって訓練の質が下がってしまうのではないかとの懸念がある。たしかに、特例措置によって開講された短期間・短時間コースの就職率は、通常のコースより10％程度低い傾向にある。[12] 訓練を短期間・短時間にした結果、再就職に効果を発揮しなくなってしまっては本末転倒だが、対象者を拡げる過程においては平均的な効果が下がる可能性もあり、就職率が通常コースよりも低いからといって短期間・短時間コースの開設が無意味だったと言うことはできない。

結局、これらの特例措置は2023年度以降は一部を残して廃止（あるいは縮小）されることとなった。具体的には、本人収入要件の特例措置は廃止され、世帯収入要件は「月30万円以上」と（特例措置からは）引き下げられた。出席要件も原則として元に戻り、育児や介護などの事情による場合を除いて欠席は認められなくなった。

たしかに労働市場は急速に回復しており、求職者支援制度の特例措置は不要になっていると見ることもできよう。ただ、ここまで述べてきたように、特例措置は基本的に求職者支援制度の本

12　訓練期間が2カ月未満のコースや訓練時間が80時間未満のコース。厚生労働省「労働政策審議会人材開発分科会」（第40回資料）

来あるべき方向性に沿ったものだった。加えて、**図表1－1**のバスタブ・モデルに従うならば、雇調金の特例措置が終了するからこそ、「失業からの『出口』を拡げる施策」を丁寧に整備しておく必要があるとも考えられる。その観点からは、一部の措置については廃止や縮小をせずに継続するという選択肢もあったのではないかと思われる。特に、「仕事による訓練への欠席」が再び認められなくなってしまったことは、この措置の適用者が極めて少なかったとはいえ、今後の非正規雇用の人々への訓練機会の確保という点から、議論の余地があるのではないかと感じる。

短期間・短時間の訓練コースの開設を認める措置については、２０２５年度末まで延長されることになった。

就業中の者が転職を希望しなくても求職者支援訓練を受講できるようにした措置については、対象者を転職者に限定しなくなったという点で画期的だ。非正規雇用として働く者は雇用が不安定なだけでなく、社内での教育訓練の機会も乏しい。既就業の会社で就業継続しながら、スキルアップの機会が提供されることは、長期的にも有効なセーフティネットになり得る。この措置は恒久化されることになった。

ただ、この措置が適用された者の数も極めて少ない（**図表1－6**）。求職者支援制度を知るのは、「ハローワークのパンフレットなどの広報」や「ハローワーク職員による紹介」を通じてのことが多いとされる。[13] 雇用保険受給者でないばかりか、一般求職者ですらない人々は、ハローワークに来所するきっかけもなく、それらの人々を訓練に誘導することは簡単ではない。今後は、この措置の周知が課題となるだろう。

求職者支援制度はなぜ利用されないのか

それでは、今後、求職者支援制度はどのようにあるべきなのだろうか。そもそも、非正規雇用のほうが雇用が不安定なことは事実であるのに、なぜこの制度は、これまであまり活用されてこなかったのだろうか。

公的な職業訓練を巡っては、（求職者支援訓練に限らず）既存の訓練コースがニーズを満たしていないとの指摘がしばしばなされる。それでは、ここでの「ニーズ」とは何だろうか。施設訓練でも委託訓練でも、公的な職業訓練としてさまざまな内容の訓練コースが提供されているように思える。だが、受講者が希望するコースが必ずしも十分に提供されていないという意味では、たしかにコースの分野ごとに応募倍率には差が見られる。とはいえ、それらも2倍以内には収まっている。

受講希望者が多いことがニーズの高いコースであると言うならば、むしろニーズの高さが就職率の高さに対応していないことのほうが懸念される。**図表1-7**は、求職者支援訓練の分野ごとに、応募倍率と就職率の関係を示したものである。これを見ると、人気の高いコースの就職率が

13 労働政策研究・研修機構（2015）

高いとは限らないことがわかる。逆に、慢性的に人手不足で就職率の高い介護などの分野では、応募者が定員を大幅に下回っているのが現状だ。介護福祉のコースの中止率（応募者が集まらず開講しなかったコースの割合）は、3割に上る。

したがって、受講者の要望に応じる形でプログラムを充実させたとしても、全体の就業率が向上するとは限らない。人手不足の産業に労働移動が進むわけでもなく、経済にとって望ましいマッチングが実現されるとは限らない。個々人における職業訓練へのニーズと、経済社会にとっての職業訓練へのニーズは一致していない可能性がある。労働者としても、職業訓練によってスキルを身に付けても就職できないのでは、雇用のセーフティネットとしては心許ない。

図表1-7　求職者支援訓練における分野別の応募倍率と就職率の関係

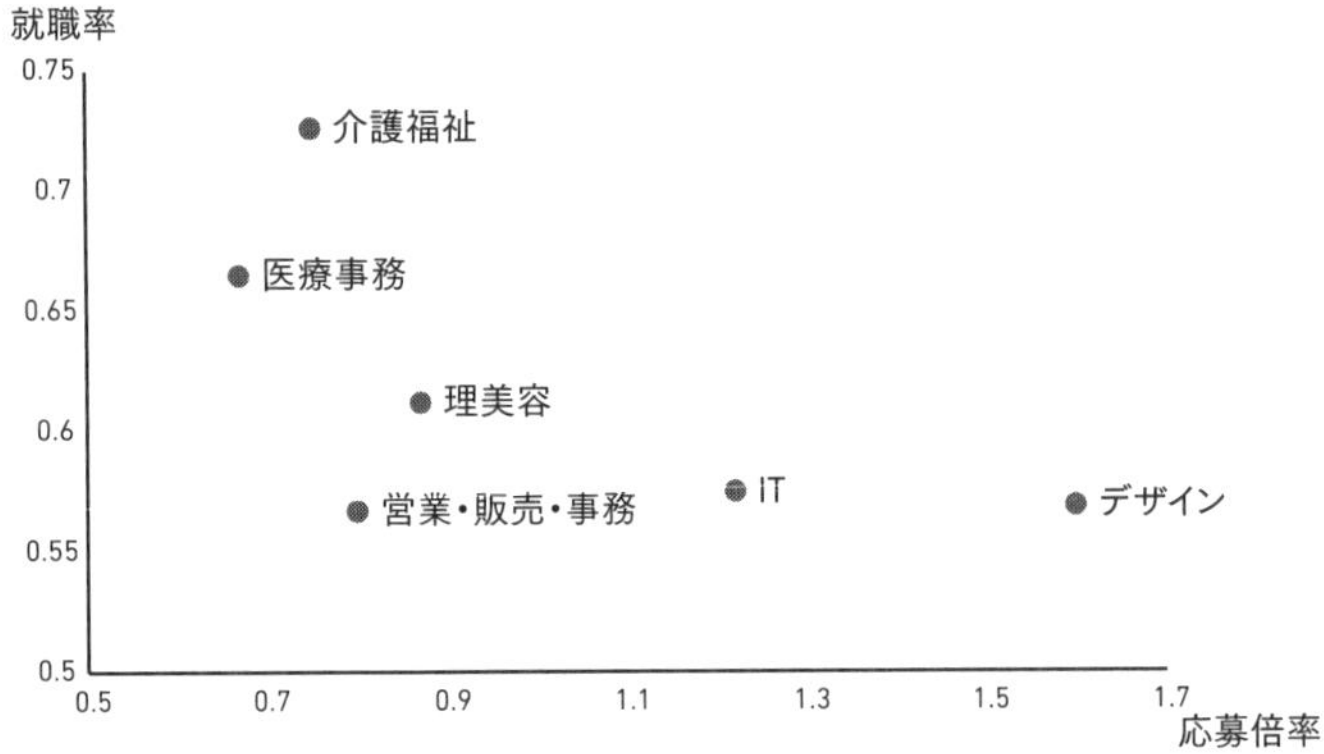

注）厚生労働省「第27回中央訓練協議会」資料1より筆者作成。2020年度の「実践コース」の値。就職率については、2020年度中に終了したコースのみについて集計したものなので、応募倍率のコースと厳密に対応しているわけではないことに注意が必要。

だが、介護などの仕事の就職率が高いにもかかわらず、訓練希望者が少ない理由は明白だ。それらの仕事が、キツい割に労働の対価が低いからだ。経済にとっての望ましい労働移動を企図するのであれば、職業訓練だけに期待するのではなく、賃金や待遇の改善といったことも重要ではないか。

今後、さらに進むことが予想される働き方の多様化に対しても、求職者支援制度はセーフティネットとして1つの有効な処方箋になり得ると考える。昨今、フリーランスなどの雇用類似の働き方が注目されるにつれ、彼／彼女らの雇用のセーフティネットが欠けていることが指摘され、その必要性が訴えられることが多くなっている。その際に、雇用保険の適用をフリーランスなどへも拡大することが解決策になるのではないかとしばしば言われる。

フリーランスのような働き方においては、そもそも失業認定のハードルが高いかもしれないことはさておき、その問題をクリアしたとしても、適用拡大がセーフティネットにならない可能性がある。これまでの非正規雇用がそうであったように、短時間・短期間で断続的に就業する人々は、雇用保険の被保険者になったとしても、保険料の拠出実績が足りずに受給に至らない（もしくは受給できても低い水準の給付しか得られない）傾向があるからだ。むしろ、保険料の拠出を条件とせずに支給を行う求職者支援制度のような「第二のセーフティネット」を活用するほうが有効かもしれない。

だが、現行の求職者支援制度で、単純にフリーランスのすべてをカバーできるわけではない。現行の制度では、財源として雇用保険料が多く充てられていることもあり、あくまで雇用保険が適用される仕事（≒正社員）に就くことを目指す場合でなければ求職者支援訓練を受けることはできない。

たしかに、母子世帯などにおける困窮状態を改善させる最も有効な方法は、正規雇用への転換であるという（阿部ほか２００８）。それを考えれば、雇用保険が適用される職への就業を重視すること自体は政策目標として誤っていない。ただ、最近の調査によれば、フリーランスの人々の約8割は、あくまでフリーランスとして働き続けることを希望しているともされ、それらの人々にとって同規定はスキルアップの機会の障壁ともなり得る。[14]

4　切れ目のない「第二のセーフティネット」にするために

中間層に足りないセーフティネット

求職者支援制度は本質的に職業訓練であり、所得保障が行われるのは訓練受講者の一部に過ぎない。だが、雇用保険を受給できない求職者が皆、職業訓練によって他業種・他職種への転換を希望しているわけではない。実際に、先に挙げた雇用保険部会（第１５６回・第１５８回）の資料でも、求職者支援訓練の受講に至らなかった理由として、「同じ仕事や同じ業種の仕事に就きたいために訓練は受講しない」といった声が紹介されている。

また、ハローワークで訓練相談を行った求職者支援訓練の受講希望者で、受講申し込みに至らなかった者について行われた調査でも、非就業者に関しては「就職を優先したい」という理由が最も多く挙げられている。[15]職業訓練の効果は認めつつも、それよりも生活のために、これまでの就業経験で早く就職したいというのが本音なのだろう。

そもそも、職業訓練が再就職に役立つとする発想の根底には、①再就職が妨げられているのはスキルの不足が原因であり、②そのスキルは企業の外部で身に付けることができるという前提がある。そのようなケースに該当する求職者ばかりでないことは容易に想像できるだろう。

雇用保険の失業給付が、（雇用保険の受給資格がある）求職者に対して、職業訓練などを必要としているかどうかにかかわらず幅広く所得保障を行うのに対して、求職者支援制度はあくまで職業訓練の必要性がある場合のみをカバーする。求職者支援制度をあたかも失業給付のカウンターパートであるかのように考えると、その対象は極めて狭く見えてしまう。

再び**図表1－4**を眺めてみれば、セーフティネットの第二層における職業訓練以外のニーズに

14 内閣官房「フリーランス実態調査結果」（2020年）
15 厚生労働省「雇用保険制度研究会」（第5回資料）

は、他の制度が対応することになっており、求職者が所得保障を得たい場合もそれらに含まれる。1つの理想的な姿として、諸制度の関係をこのように整理することに異論はない。しかし、現実に諸制度が切れ目のない安全網として機能しているかどうかについては、議論の余地があるのではないだろうか。

労働者から見れば、第一の層では雇用保険制度によってセーフティネットが連続的に張られているのにもかかわらず、第二の層では各制度がパッチワークのようになっており、雇用保険制度の延長線上にあるのは職業訓練を受ける場合に限られていると取れる。雇用保険から漏れ落ちる人々とは、職業訓練を必要とするかどうかによって受け皿が異なるのだ。これは、職業訓練が就労支援の過程における1つの選択肢に過ぎないと考える筆者のような立場からすると、やや違和感を覚えるところでもある。

加えて、求職者支援制度の対象とする層と生活困窮者自立支援制度などの対象とする層には重なるところもあるが、ズレも大きい可能性がある。生活困窮者自立支援制度などの主な対象者に比べて、求職者支援制度の対象者として想定される所得層は高い傾向にあり、この図では「第一・五層」に位置付けるのが適当かもしれない。そうすると、**図表1－4**で1枚の網として描かれる「第二の層」には、実際には「段差」も生じていることになる。結局、足りないのは、困窮しきっているわけではないが、単に非正規雇用だったために失業給付の受給資格がないような中間層のための所得保障だ。

求職者支援制度の対象を拡大して、職業訓練を必要としない場合でも求職者に対して金銭給付を行うといったように改変することは、当面は現実的でないだろう。だが、そうであるならば、求職者支援制度以外の諸制度によって、「第二のセーフティネット」が本当に切れ目なく構成されているかを不断に問う必要があるだろう。そうでなければ、雇用保険から漏れ落ちている場合に、所得保障を受けるために必ずしも必要のない訓練を受講してしまうというインセンティブも生まれかねない。

求職者支援制度の利用を拡大するにあたっては、財源の問題も避けて通ることはできない。財源の太宗を雇用保険料に依存している現在の姿は、雇用保険の適用者から非適用者への所得移転という側面が強く、あるべき姿ではない。雇用保険料による財源が潤沢であったときならばともかく、もはやそのような状況でもない。国庫負担割合を本則（5割）に戻すことは必要だろう。ただし、「第二のセーフティネット」としては、過度に福祉としての性格を強めないために、制度を社会保険の延長線上に残しておくことにも一定の理がある。財源の一部を雇用保険料によって賄うこと自体は妥当だ。

「全体最適化」がなぜ必要なのか

本章で見てきたことをまとめると次のようになる。

コロナ禍では、当初より雇調金の特例措置を大規模に実施し、失業への「入口」を塞ぐことで雇用のセーフティネットが張られてきた。生産活動自体が縮小し、労働需要が減退してしまっている状況では、労働供給側（＝求職者）ばかりに支援しても即効性のある救済策にはならないことから、この方針は理にかなったものと考えられる。とはいえ、雇調金の本質は、経済が回復するまで「時間稼ぎ」をすることにあり、対症療法に過ぎない。コロナ後の経済が、コロナ前の経済には完全に戻らないならば、ある程度の労働移動は織り込まれなければならないはずだ。

コロナ禍の雇用対策が、従来の雇用保険を中心としたセーフティネットから漏れ落ちがちな非正規雇用への対応も明確に志向していたことは特筆に値する。だが、リーマン・ショック後に実装された「第二のセーフティネット」の1つである求職者支援制度も含め、それらのオルタナティブ（代替手段）のセーフティネットが有効に機能していたかどうかについては議論の余地があり、今後、さらなる検証が必要だろう。

特に求職者支援制度に関してはさまざまな特例措置が実施されたが、失業からの脱出手段として十分に活用されていなかった可能性がある。直近の2022年度も利用者は前年度に比べて増えたものの、年間の訓練受講者数を5万人とした当初の目標には及んでいない。それらの措置の一部は2022年度末をもって廃止されたが、引き続き利用しやすい制度にするための検討が望まれる。ある種の措置については、現時点での適用者数が少なかったり、就職率が低かったりしても、雇用保険から漏れ落ちる人々の受け皿として必要な場合がある。

それでは、本章で見てきた雇用のセーフティネットの現状が、それらの今後のあり方に含意するものは何だろうか。

未曽有の経済ショックを経験したことで、企業は、今後ますます雇用調整しやすい非正規雇用に依存しかねない。労働者の側からすれば、不安定な仕事はこれからも減るわけではないことになる。そうであるならば、せめてセーフティネットだけは雇用形態にかかわらず頑丈であるべきだ。社会保険という性質から、雇用保険では非正規雇用を救済しにくい以上、それを担うのは、保険料の拠出を条件とせずに給付する仕組みにならざるを得ないだろう。ただし過度なミーンズ・テスト（資力調査）を伴うことになれば、福祉的な性格が強くなり使い勝手が悪くなる。それゆえに、社会保険と福祉の中間的な制度として、「第二のセーフティネット」という考え方の意義自体が薄れることは今後もないのではないだろうか。

ただ、求職者支援制度は職業訓練に限定されたセーフティネットに過ぎない。結果として、中間層のセーフティネットとして所得保障が不十分な状況になっている。第二の層に位置するセーフティネットがパッチワーク状になっていることは現行の制度では致し方ないのであれば、求職者支援制度以外の制度と切れ目のない網を張れているかが重要だと思われる。

断っておくが、職業訓練が重要でないと言っているわけではない。雇用の流動化が押しとどめようのない傾向だからこそ、むしろ非正規雇用にとって職業訓練によってスキルアップする機会が確保されることには大きな意味がある。というのも、非正規雇用が企業内で教育訓練を受ける機会は著しく乏しいからだ。その観点から、在職中の者が企業内でスキルアップを目指す場合にも職業訓練を受けられるようにすることの価値は高い。

雇用のセーフティネットの論点が従来の雇用保険の縁辺に向けて広がる一方で、雇用保険制度の内部に目を転じれば、さまざまな趣旨の異なる給付が抱え込まれているようにも見える。育児休業給付のように、雇用継続のためという当初の目的から、少子化対策としての趣を強めているような給付もある。また、専門実践教育訓練給付の対象講座には専門職大学院も含まれ、セーフティネットとしての性格は超えているようにも見受けられる。

このように、中心的な趣旨から遠心力が働いている面もあり、雇用保険制度内の各種の給付の振れ幅は相当に大きくなっている。各種の給付のうちに重要でないものはないが、それらを雇用保険の枠組みにおいて行うべきかどうかは、分けて考える必要があるだろう。

結局のところ、現在の雇用保険制度は、異なる趣旨の給付を積み込み過ぎている感がある。それは、時代の要請に柔軟に応じてきた帰結と見ることもできるが、弱点にもなる。ひとたびそれらの給付を深化させようとした場合に、雇用保険制度の枠組みの中では整理が難しく、機動性が悪くなるからだ。いくつかの給付内容については、中長期的には雇用保険制度から切り離すなどの整理も必要かもしれない。

コロナ禍における雇用のセーフティネットでは、各種の施策を「切り換える」ということに関して課題が残った。雇調金のような雇用維持策と、職業訓練を含む就労支援とは、失業者の増加を抑制するという点では類似した機能を持ち、相互に代替的な役割を担い得る。だが、それらは完全に等価というわけではない。

雇調金には、即効性があり、労働者が身に付けたスキル（特に企業特殊的なスキル）を減損させ難いメリットがある半面、過度に依存して、労働移動を遅らせてしまうデメリットがある。一方で、職業訓練などを受けて再就職するには、ある程度の時間が必要だ。今回のように、長きにわたって雇調金に頼った末に労働移動施策に重点を移すのは、政策としてちぐはぐな感が否めない。その意味で、コロナ禍のセーフティネットにおいては、部分最適化には心砕かれてきたが、適切なタイミングで重点施策を切り換え、全体最適化を図るという観点からの議論が足りなかったかもしれない。

繰り返しになるが、労働者の立場からは、全体としてセーフティネットに穴がないことが重要だ。平時が戻った今こそ、再びの緊急時に備えて雇用のセーフティネットを編み直す必要がある。

参考文献

阿部彩・國枝繁樹・鈴木亘・林正義（2008）『生活保護の経済分析』東京大学出版会
金井郁（2015）「雇用保険の適用拡大と求職者支援制度の創設」『日本労働研究雑誌』No. 659,pp. 66-78.

川口大司（２０２１）「雇用調整助成金の効果、政府はデータに基づく科学的政策評価を」週刊ダイヤモンド・オンライン ２０２１年11月29日
玄田有史（２０１５）『危機と雇用――災害の労働経済学』岩波書店
酒井正（２０２２ａ）「コロナ禍で雇用調整助成金等が果たしてきた役割と課題」『月刊社労士』第58巻第５号、pp.40-41.
酒井正（２０２２ｂ）「経済学から見た雇用保険制度」『季刊労働法』２７８号、pp.33-39.
酒井正（２０２２ｃ）「コロナ禍の求職者支援制度」『日本労働研究雑誌』No.748, pp.63-74.
酒光一章（２０２１）「(ＪＩＬＰＴリサーチアイ 第58回）新型コロナ感染症拡大下における雇用調整助成金利用企業の特徴と助成金の効果――ＪＩＬＰＴ企業調査二次分析」https://www.jil.go.jp/researcheye/bn/058_210402.html（２０２３年１月10日閲覧）
照山博司・木村匡子（２０２２）「新型コロナパンデミックと日本の家計行動―就業・消費・家庭」『経済分析』第２０４号、pp.1-36.
Goolsbee, A., and C. Syverson (2021) "Fear, lockdown, and diversion: Comparing drivers of pandemic economic decline 2020," *Journal of Public Economics* 193, 104311.
Watanabe, T. , and Yabu, T. (2021) "Japan's voluntary lockdown," *PLOS ONE*, https://doi.org/10.1371/journal.pone.0252468（２０２３年１月10日閲覧）

第2章

生活のセーフティネットを編む

——誰もが利用できる安全網へ

田中聡一郎

はじめに

住民に身近である（はずの）生活の安全網

新型コロナウイルス感染症がパンデミックとなった２０２０年３月以降、各国政府が実施した人々の行動制限は急激な景気後退をもたらした。日本においても、２０２０年４〜６月期の実質ＧＤＰはマイナス７・９％（前期比）と急落した。

コロナショックは、マクロ経済だけでなく、家計に対しても大きな影響を及ぼした。特に、労働市場でもともと脆弱な立場にあった非正規労働者や女性の雇用が減少し、休業者や失業者などが増加した。

こうした未曽有の景気後退を受けて、生活のセーフティネットはどのように機能したのか。第１章では雇用のセーフティネットである雇用調整助成金や求職者支援制度の実施状況と課題について検討がなされた。続く本章では、生活のセーフティネットである生活困窮者自立支援制度や生活保護制度、また緊急対応として用いられた生活福祉資金貸付制度（特例貸付）について分析したい。

具体的には、生活のセーフティネットの3つのポイントについて考察する。

第1に、近年のセーフティネット改革の変遷をたどることで、これまでの政策課題を確認する。2010年代以降のセーフティネット改革では、生活困窮者への支援だけでなく、住民が相互に支え合う地域づくりといった、従来の社会福祉の枠組みを超えた政策目標が掲げられるようになってきた。コロナ禍を経た今、その意義を改めて考察したい。

第2に、コロナ禍でのセーフティネットの利用実態を把握する。今回の経済危機の下でも利用された制度とそうでなかった制度がある。制度として存在していても、生活困窮者に利用されないのであれば、セーフティネットとしての意味をなさない。またコロナ禍は、従来から生活困窮者が抱えていた問題を露わにしたともいわれる。実際の利用データから、生活困窮者のニーズはどのような点にあったのかを明らかにしたい。[1]

第3に、今後の改革の方向性の検討である。コロナ禍という緊急時の対応を振り返って、平時のセーフティネットとして、どのような制度が必要となるのかを考察する。将来像も踏まえたうえで、生活のセーフティネットをどのように編み直していくべきかを考察したい。

国際的な意識調査によれば、日本人で「失業者対策」や「所得格差縮小」を政府の責任と考える人は少ない。[2] また、コロナ禍以降においても低所得層のみ可処分所得が低下しており（田中2022）、安定した雇用や十分な給付水準の年金がある人にとっては、生活のセーフティネットに対する関心は依然として低いままかもしれない。

しかし、日本社会は2040年に向けて、さらなる人口減少や高齢化といった難題に直面する。今後、低所得層のみならず、多くの家計にとって、生活のセーフティネットの編み直しが必要となる。そうした問題意識が、本章の副題を「誰もが利用できる安全網へ」とした理由である。

1　利用状況などを検討した2〜4節は田中（2021）に大幅に加筆修正を加えたものである。

2　2016年の国際社会調査プログラム（International Social Survey Programme）「政府の役割」によれば、「失業者が適切な生活水準を維持できるようにすること」が政府の役割と考える人の割合（「間違いなくそうすべき」「恐らくそうすべき」の合計）は53・4％で、調査対象34カ国中33番目、「富裕層と貧困層の所得格差を縮小すること」が政府の役割と考える人の割合は65・3％で、35カ国中30番目である。

1　セーフティネットの近年の改革動向

リーマン・ショックと安全網の三層化

現在の社会保障制度は3層構造となっている。第1章（**図表1－4**）でも見たように、第1層に社会保険制度（雇用保険や年金保険等）、第2層に求職者支援制度や生活困窮者自立支援制度、第3層に生活保護制度がある。

これらのセーフティネットはそれぞれ異なった理念を持ち、全体として日本の生活保障を支えている。

第1層の社会保険制度は、保険料拠出を条件として、給付が行われる制度である。保険料を納付している受給者には高い権利性が与えられる。反対にいえば、保険料の未納者は、必然的に給付が受けられない。社会保険料は、被用者の場合は所得比例の保険料となっている。自営業者や農林漁業者、退職者などの場合は保険料の一部は定額であるが、低所得者向けの減免措置を備えることで滞納を防ぎ、国民を幅広くカバーする設計となっている。

一方、第3層の生活保護制度は、憲法が認める生存権に基づき、税財源によって給付が行われる制度である。政府は最低生活保障を行うが、その対象者は資力調査（所得、資産、稼得能力に関する調査）の要件を満たす生活困窮者に限定される。そのため生活保護の受給に際して、いわゆるスティグマ（羞恥の意識）が生じることがある。

従来、日本の社会保障制度は、第1層の社会保険を中心とした制度体系であった。社会保険で生活保障が実現できたのも、安定した雇用環境があったためである。しかし労働市場が悪化し、社会保険料を滞納している非正規雇用者や長期失業者などが増加すると、社会保険のセーフティネット機能は低下してしまう。

日本のセーフティネットの転機となったのは、２００８年秋のリーマン・ショックであった。同年12月、東京の日比谷公園には派遣切りなどにあった生活困窮者が集まり、その支援活動としての年越し派遣村を記憶している人も多いだろう。このとき、仕事と住宅を失った生活困窮者が増加し、第3層の生活保護の利用は急増した。

そこで政府は、「第二のセーフティネット」と呼ばれる新たな生活困窮者の支援策を打ち出した。それらは雇用保険を受給できない人々を対象とした求職者支援制度（２０１１年施行）、生活保護の手前で自立支援を行う生活困窮者自立支援制度（２０１５年施行）というかたちで制度化されていった。

生活困窮者自立支援制度のスタート

リーマン・ショックの余波を受けて、三層構造となった社会保障制度であるが、ここでまず本章の主なテーマでもある生活困窮者自立支援制度を紹介したい（**図表２－１**）。２０１５年にスタ

◆住居確保給付金の支給 国費3／4
・就職活動を支えるため家賃費用を有期で給付

◆就労準備支援事業 国費2／3
・一般就労に向けた日常生活自立・社会自立・就労自立のための訓練

なお一般就労が困難な者

◆認定就労訓練事業（いわゆる「中間的就労」）
・直ちに一般就労が困難な者に対する支援付きの就労の場の育成
（社会福祉法人等の自主事業について都道府県等が認定する制度）

◇生活保護受給者等就労自立促進事業
・一般就労に向けた自治体とハローワークによる一体的な支援

◆一時生活支援事業 国費2／3
・住居喪失者に対し一定期間、衣食住等の日常生活に必要な支援を提供
・シェルター等利用者や居住に困難を抱える者に対する一定期間の訪問による見守りや生活支援

◆家計改善支援事業 国費1／2, 2／3
・家計の状況を「見える化」するなど家計の状況を把握することや利用者の家計の改善の意欲を高めるための支援（貸付のあっせん等を含む）

◆子どもの学習・生活支援事業 国費1／2
・生活保護世帯の子どもを含む生活困窮世帯の子どもに対する学習支援
・生活困窮世帯の子ども・その保護者に対する生活習慣・育成環境の改善、教育及び就労に関する支援など

◇関係機関・他制度による支援
◇民生委員・自治会・ボランティアなどインフォーマルな支援

体制の支援、市域を越えたネットワークづくりなどを実施 国費1／2

出所：厚生労働省（2021）

図表2-1　生活困窮者自立支援制度の概要

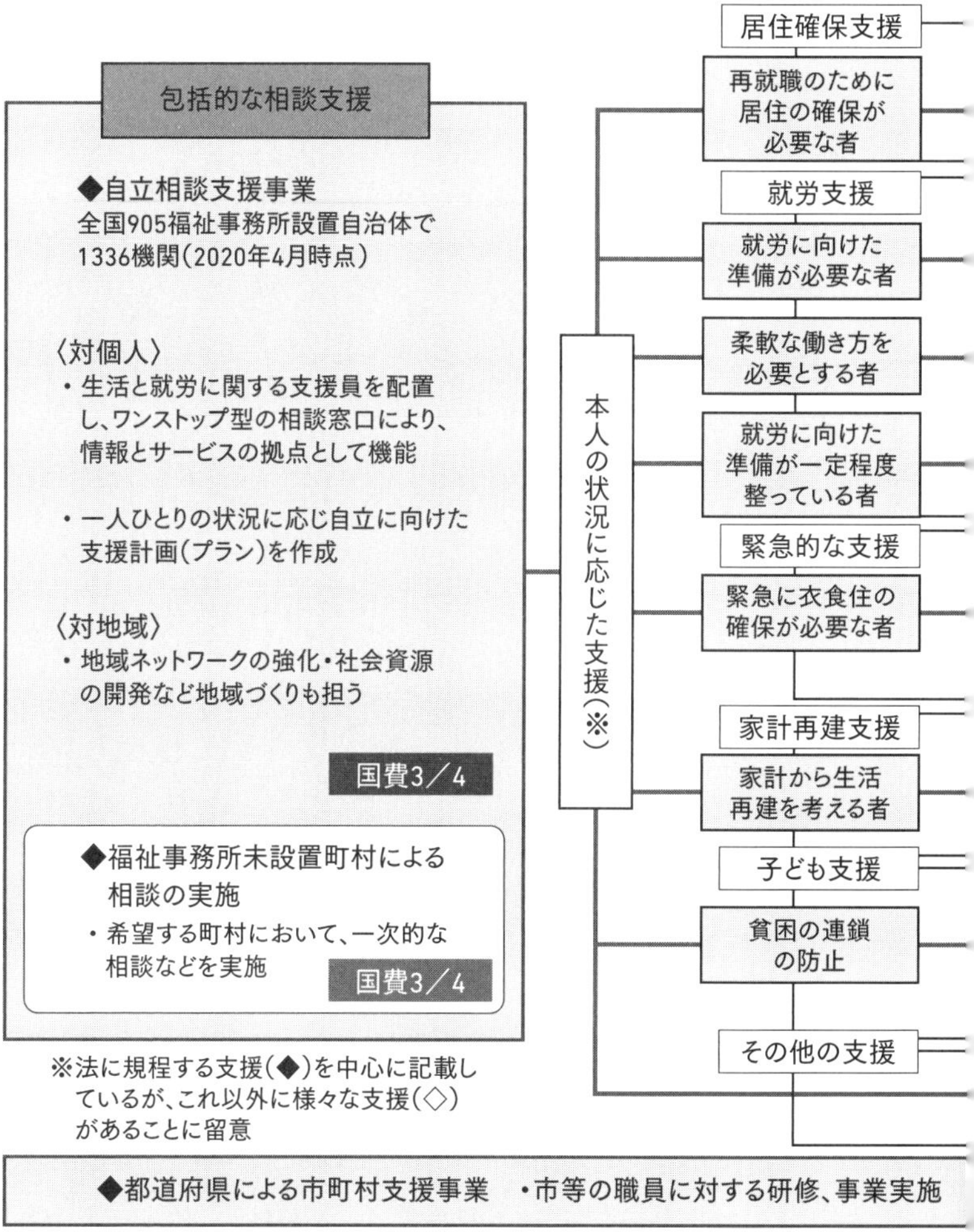

ートした生活困窮者自立支援制度では、生活保護に至る前の段階の自立支援の強化を図り、また生活保護から脱却した者が再び受給しないよう、各種の支援事業を実施することとなっている。

具体的には、生活困窮者自立支援制度は、相談支援を行い、その生活困窮者の事情に応じた支援計画（プラン）を策定して、包括的な支援を実施する。

まず支援の窓口としては、①自立相談支援事業があり、自立支援計画を策定して、支援を実施する関係機関と連絡調整を行う。生活困窮世帯は就労・住宅・子どもの教育といった基本的な生活ニーズが充足できていないことが多い。そこで②～⑥の支援事業が活用される。

深刻なケースといえる、離職などにより住宅を失った（またはその恐れがある）生活困窮者に対しては、②住居確保給付金（求職活動などを要件として、家賃相当額の給付金）の支給がなされる。また引きこもりや長期失業など、就労において長期の空白期間がある者には、③就労準備支援事業で、日常生活自立、社会生活自立、就労自立の段階を踏んで、一般就労に向けた支援を行う。

他にも、ホームレスや知人宅・ネットカフェなどを行き来する住宅不安定者には、④一時生活支援事業で衣食住の供与を行ったり、居住困難者には入居支援や見守りも実施している。多重債務やアルコールなどの依存症等で家計管理が困難な者には、⑤家計改善支援事業で金銭管理の支援や滞納（家賃、税金、公共料金）の解消や各種給付制度等の利用に向けた支援、債務整理の支援、貸付のあっせんなどがなされる。⑥子どもの学習・生活支援事業では、生活困窮世帯（生活保護受給世帯も含む）の子どもへの進学支援、子どもとその保護者に対する生活習慣・育成環境の改善、教育及び就労に関する支援などを行う。

なお、創設時からの生活困窮者自立支援制度の理念には、「生活困窮者の自立と尊厳の確保」と「生活困窮者支援を通じた地域づくり」がある。前者は、生活困窮者は自己肯定感や自尊感情を失っていることが多いため、尊厳の確保に特に配慮し、支援員は本人の意欲を促すように寄り添った支援を行うという考え方である。後者は生活困窮者の早期把握や見守りのための地域ネットワークを構築することや、生活困窮者が社会とのつながりの回復のため、「支える、支えられる」という一方的な関係ではなく、「相互に支え合う」地域を構築することを目指すという考え方である（厚生労働省２０１５）。

このように、生活困窮者自立支援制度はスタート当初から、生活困窮者への伴走型支援とともに、包括的な支援を実施する地域づくりを目指していた。

地域共生社会へ

２０１６年、厚生労働省は「地域共生社会」という新しい社会福祉のコンセプトを打ち出した。これは、制度・分野ごとの「縦割り」や「支え手」「受け手」という関係を超えて、地域住民や地域の多様な主体が参画し、人と人、人と資源が世代や分野を超えてつながることで、住民一人ひとりの暮らしと生きがい、地域をともに創っていく社会を目指すものである。その社会的背景としては、高齢化や人口減少が進み、地域・家庭・職場での支え合いの基盤の弱体化、耕作放棄地や空き家・空き店舗など地域課題の顕在化、複合的な課題を抱える者への支援の必要性などが謳われた（厚生労働省ＨＰ「地域共生社会のポータルサイト」）。

この新たなコンセプトを制度化したものが、２０２０年の社会福祉法改正によって創設された重層的支援体制整備事業である。社会保障制度は従来、老齢者や障害者、子ども、生活困窮者などの対象者別に制度が整備されてきたが、今日の生活課題は複合的であることが多く（例えば、育児と介護のダブルケア、老親と無業の子どもが同居する８０５０世帯など）、包括的な対応が求められるようになってきた。

そこで、重層的支援体制整備事業を通じて、属性や世代を問わず相談を受け付ける「包括的相談支援」、社会とのつながりをつくる「参加支援」、交流の場や居場所づくり、地域のネットワークの活性化を図る「地域づくりに向けた支援」によって人々の困りごとを断らず受け止め、つながり続ける支援を目指すこととなった。また自治体への財政支援も、制度別の補助金ではなく交付金を一括交付する形として、市町村にその地域事情にあった支援体制づくりができるように仕組みも整えた（厚生労働省ＨＰ「地域共生社会のポータルサイト」）。

このように、近年のセーフティネット改革は、現金給付を中心とした従来の救貧的な対策に加え、地域住民が抱える生活困難に対応するために、自立支援や社会参加の支援、多機関協働による支援などが目指されるようになってきた。またその際、市町村全体の相談支援体制の構築のために、地域づくりという発想が打ち出されるようにもなった。2020年は、社会福祉改正法案提出の直前にコロナ禍が生じることとなったが、コロナ禍での孤立・孤独問題や届かない支援の課題などに注目が集まり、伴走型支援や地域づくりを通じた包括的な支援体制の構築という改革の方向性が、地域のセーフティネットの目指すべき姿として一層受け入れられるようになった。

しかし、こうした取り組みがすべてうまくいったわけではなく、むしろ現在の生活セーフティネットの限界が露呈した部分も大きい。次節ではコロナ禍のもとで、生活保護や生活困窮者自立支援制度がどのように利用されたのか、また、緊急時の対応として行われた特例貸付の状況について詳しく見ていきたい。

2　どのセーフティネットが生活困窮者を支えたのか？

利用されなかった生活保護

図表2－2は2005年3月から22年3月の生活保護世帯数、生活困窮者自立支援制度の新規相談件数の推移を示している。有効求人倍率の動向も掲載することで、労働市場における雇用情勢の動向についても読み取れる。
まず、リーマン・ショック後の不況においては、生活保護世帯の急増が確認できる。当時の有

図表2-2　セーフティネットの長期的動向
（2005年3月～22年3月）

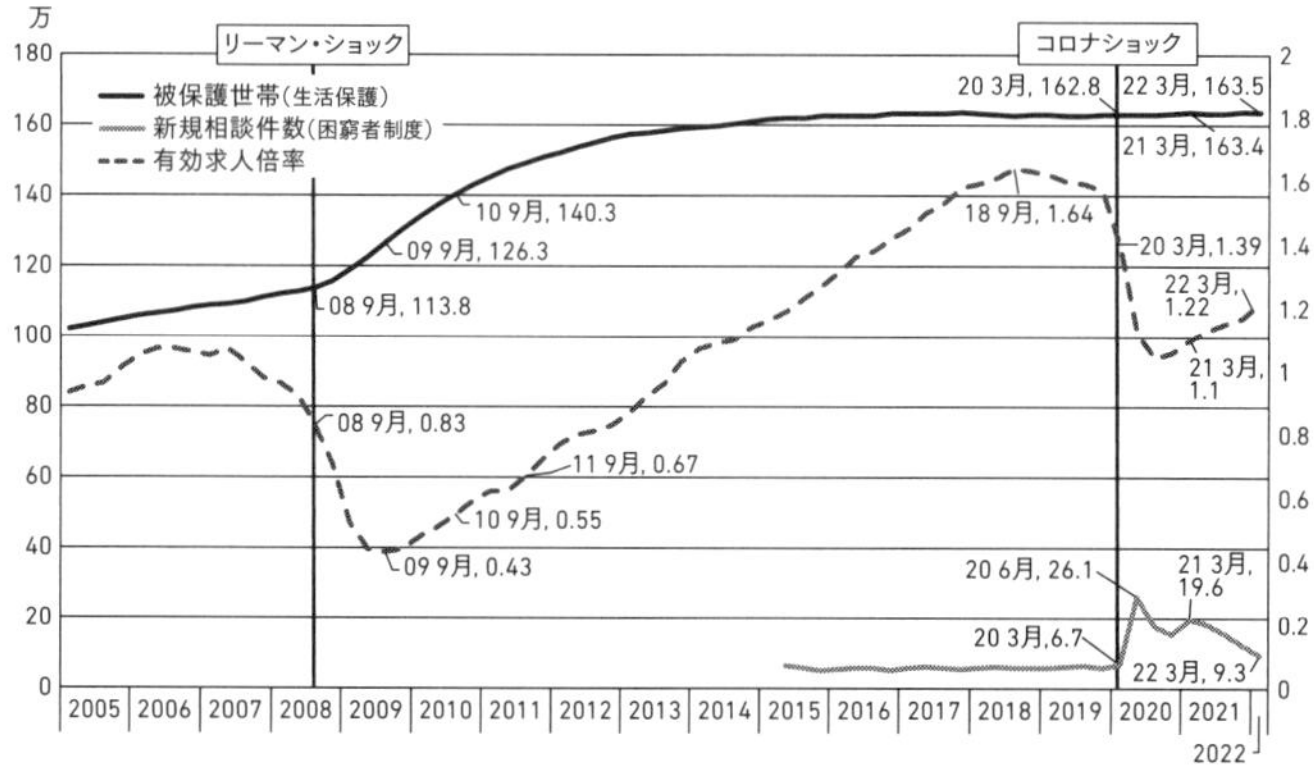

（左軸：生活保護世帯数、生活困窮者自立支援制度の新規相談件数、単位［万］、右軸：有効求人倍率）

出所：厚生労働省『福祉行政報告例』『被保護者調査』『生活困窮者自立支援制度支援状況調査』『一般職業紹介状況（職業安定業務統計）』より筆者作成
注：被保護世帯数は「現に保護を受けた世帯数（1カ月平均）」、新規相談件数は四半期ベースの件数（3カ月分の合計）である。

効求人倍率は、2008年9月は0・83倍であったのが、1年後の09年9月には0・43倍まで悪化した。その労働市場の悪化にあわせるように、生活保護世帯も2008年9月には113・8万世帯であったのが、2009年9月には126・3万世帯、2010年9月には140・3万世帯と、毎年10万世帯を超える大幅な増加となっている。

一方、コロナショック後の状況はどうだったか。実は生活保護世帯数は、ほぼ増えていない。2020年3月に162・8万世帯であったのに対して、2021年3月は163・4万世帯、2022年3月は163・5万世帯と横ばいであった。有効求人倍率は2020年3月の1・39倍から1年後の2021年3月には1・1倍まで低下してはいるが、1倍を割り込むまでは悪化していない。こうした点をみると、リーマン・ショック時よりコロナ禍のほうが、労働市場への悪影響は小さかったのかもしれない。

しかし、1回目の緊急事態宣言（2020年4月）が発令されると、休業者は2020年4月は599万人へと急増した（対前年同月比で421万人の増加）。その後は、完全失業者が徐々に増加しはじめ、2020年8～10月は200万人を超えて（対前年同月比で検討すると42～51万人の増加）、労働市場が混乱を極めたことは明らかである。

しかしそうした状況であっても、生活保護世帯数の増加はわずかであった。コロナ禍のもとでは、最後のセーフティネットである生活保護制度はあまり利用されなかったのである。

急増した生活困窮者自立支援制度利用

次に、もう1つのセーフティネットである生活困窮者自立支援制度の利用状況を確認してみよう。2015年4月にスタートした同制度であるが、2015〜19年度は、22・2万〜24・8万件の新規相談を受け付けていた。しかし、2020年度の新規相談件数は78・6万件と約3・2倍（対前年度比）もの増加となっている。

図表2-2の右下には、生活困窮者自立支援制度の新規相談件数の推移が示されている。四半期ベースでみると、2020年1〜3月は6・7万件であったのに対し、1回目の緊急事態宣言があった4〜6月は26・1万件、2回目の緊急事態宣言があった2021年1〜3月も19・6万件と、やはりコロナ禍による相談の増加が読み取れる。

では、どのような利用者が増えたのであろうか。**図表2-3**は新型コロナウイルス感染拡大や住居確保給付金の支給対象拡大などが、生活困窮者自立支援制度の相談支援機関に与えた影響を示している。ここで参考にしたのは、北海道総合研究調査会（2021）である。この調査は福祉事務所設置自治体を調査対象にして、2018年の改正生活困窮者自立支援法の実施状況を把握することを目的としたものであった（調査時期は2020年11月24日〜12月21日）。

そのなかに相談者の数・状態像に関する回答項目があるため、自治体の主観的な回答ではあるが、コロナ禍で増加した利用者の特徴を部分的に捉えることができる。最も回答割合が大きかったのは「相談件数が増えた」（92・1％）であった。やはり、ほとんどの自治体で相談が増えている。

しかしコロナ禍では、「個人事業主からの相談が増えた」（84・8％）という点が特徴的であろう。これは、これまで相談支援機関を訪れることがなかった個人事業主（飲食業や観光業など）が、感染拡大のなかで生じた休業や廃業などによって生活困窮し、来所した結果と考えられる。

次に、就労支援や住宅支援のニーズがある生活困窮者からの相談が増えていることも読み取れる。「解雇・雇い止め等による非正規雇用労働者からの相談が増えた」（84・6％）、「就労支援が必要な人からの相談が増えた」（79・1％）、「住まいに課題がある人からの相談が増えた」（77・5％）といった回答が多い。リーマン・ショック時と同様に、コロナ禍においても、就労

図表2-3　新型コロナウイルス感染拡大などが相談支援機関に与えた影響

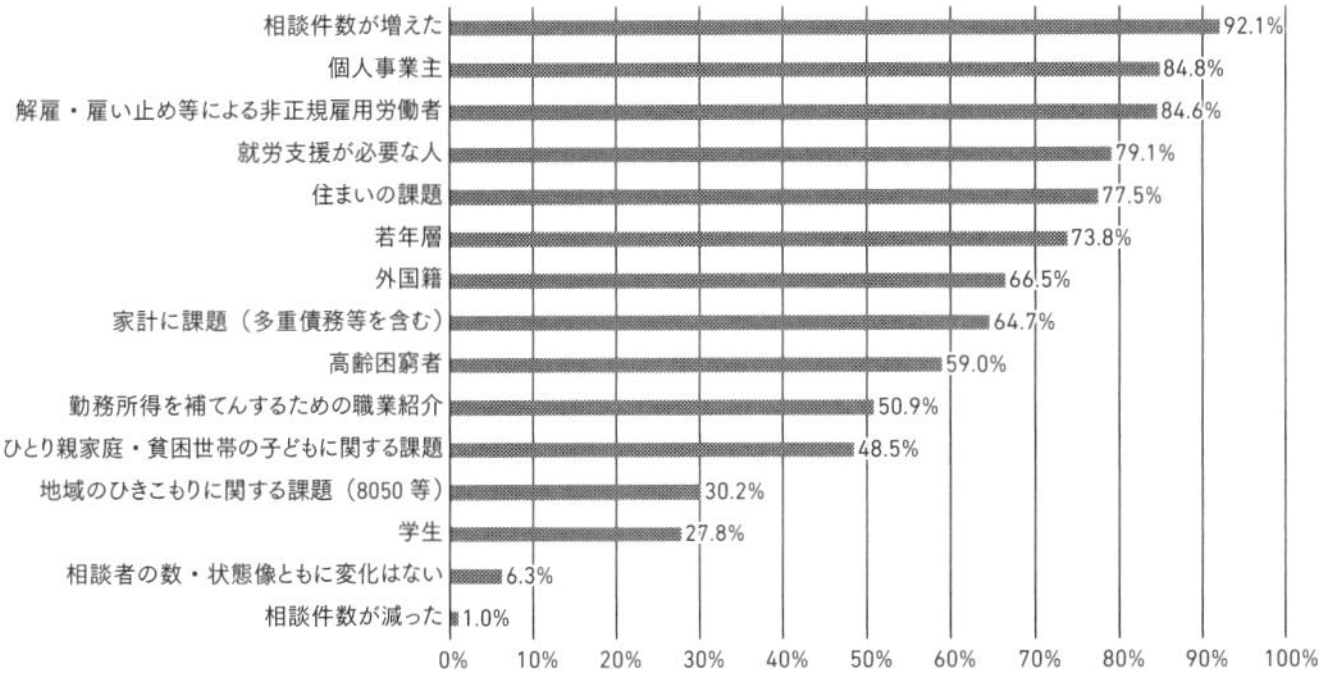

出所：北海道総合研究調査会（2021）より筆者作成
注：ただし回答の表記は簡略化した

支援と住宅支援を必要とする生活困窮者が増えていることがわかる。

それでは実際に、生活困窮者自立支援制度ではどのような支援が実施されたのか。**図表2－4**(上段)は、生活困窮者自立支援制度と生活福祉資金貸付制度(緊急小口資金、総合支援資金)の実施状況を示したものである。コロナショック以前、第二のセーフティネットには「求職者支援制度」と「生活困窮者自立支援制度」があることが、政府の資料などで示されてきた。しかしコロナ禍のもとでは、「生活福祉資金貸付制度」の特例措置が実施され、緊急小口資金、総合支援資金が多く活用された。その結果、第二のセーフティネットには「生活福祉資金」も含めて例示されるようになっている(第1章の**図表1－4**を参照)。そのため、**図表2－4**には生活困窮者自立支援制度の各支援とともに、緊急小口資金、総合支援資金の推移も掲載している。

まず、生活困窮者自立支援制度の支援状況を確認すれば、やはり相談者の属性と同様に、就労や住宅分野での支援が増加している。自立相談支援機関で就労支援を受けた件数は、2019年度の3万2181件から20年度の5万6431件へと1・8倍になっている。コロナ禍で増えてしまった家賃の滞納や債務整理といった問題に対応する家計改善支援事業も、2019年度の1万4901件から20年度の1万8973件へと1・3倍に増えている。これらはコロナ禍の生活困窮者支援の現場で活用された支援策と考えられる。[3]

しかし、生活困窮者自立支援制度のうち特に利用されたのは、住居確保給付金であった。住居

図表2-4　生活困窮者自立支援制度及び生活福祉資金貸付制度の実施状況

支援・貸付の状況（支援件数、住居確保給付金決定件数、貸付件数）

	2015年度	2016年度	2017年度	2018年度	2019年度	2020年度	倍率＝2020/2019
自立相談支援事業（就労支援）	13927	27145	28173	31362	32181	56431	1.8
就労準備支援事業	699	2847	3146	4082	4621	4695	1.0
家計改善支援事業	5178	7664	9466	11722	14901	18973	1.3
一時生活支援事業	3347	—	3991	4027	3594	4721	1.3
子どもの学習・生活支援事業	—	23635	31853	33192	56695	38594	0.7
住居確保給付金（決定件数）	6613	5095	4109	4172	3972	134946	34.0
緊急小口資金	8730	19997	7547	7145	9937	1106735	111.4
総合支援資金	2057	1122	731	421	470	785446	1671.2

財政規模（支給総額・貸付決定金額、単位：億円）

	2015年度	2016年度	2017年度	2018年度	2019年度	2020年度
住居確保給付金（支給総額）	8.7	8.2	6.3	6.0	5.8	306.2
緊急小口資金	6.5	21.8	5.6	5.5	10.6	2051.6
総合支援資金	6.7	3.5	2.4	1.4	1.5	5641.7

出所：社会保障審議会「生活困窮者自立支援及び生活保護部会」資料、厚生労働省（2021）より筆者作成

注1）子どもの学習・生活支援事業の2015年の件数、一時生活支援事業の2016年の件数は未集計等により不明である

注2）2020年度の緊急小口資金・総合支援資金の貸付決定件数、金額は2021年3月末までに申請があったものについて、同年5月19日時点で確認した値

確保給付金とは、先に述べたように、離職などにより経済的に困窮し、住居を失うおそれがある生活困窮者に対して家賃相当額が支給される現金給付である。生活困窮者自立支援制度のなかでは唯一の現金給付である。

コロナ禍のもとでは、支給対象の拡大（休業などにより収入が減少し、住居を失うおそれがある者も支給対象とした）や年齢要件（65歳未満）の撤廃、また2020年12月まではハローワークへの求職申込を不要とするなどの対応が行われた。コロナ禍が長期化するなかで、最長支給期間の延長（12カ月まで）や再支給なども実施された。その結果、住居確保給付金の支給件数は大幅に増加し、**図表2－4**に示されるように、2019年度の3972件から20年度の13万4946件へと約34倍になっている。さらにいえば、リーマン・ショック後に最大となった2010年度の3万7151件との対比でも約3・6倍となり、コロナ禍のほうが大幅な支援増となっていることがわかる。

生活困窮者で最も深刻な状態は、住宅喪失である。コロナ禍のもとで失業や休業が多く生じたが、先に見たように、就労支援よりもはるかに多くの住居確保給付金が支給されている。それだけ家賃補助になるような所得保障制度へのニーズが高いのである。

特例貸付という緊急対応

一方、コロナ禍で最も利用されたのは、「緊急小口資金」「総合支援資金」という生活福祉資金貸付制度であった。緊急小口資金は、休業などにより緊急かつ一時的な生活維持のために貸付を必要とする世帯への貸付である。総合支援資金は、収入の減少や失業などで生活が困窮し、日常生活の維持が困難となっている世帯を対象とした貸付である。

コロナ禍のもとで、従来から実施されていた生活福祉資金貸付制度の特例として、両制度の対象者の拡大、貸付上限額の引き上げ、据置期間・償還期間の延長、無利子・保証人の不要化などが実施された。さらに、所得減少が続く場合は償還免除が実施されることとなった。また貸出上限額の引き上げによって、貸付最大額は、緊急小口資金が20万円、総合支援資金が180万円（月20万円×最大9カ月）の合計200万円となった。

以上のような大胆な特例措置によって、緊急小口資金と総合支援資金の貸付が大幅に増加した。**図表2－4**に示すように、緊急小口資金は2019年度の9937件から20年度の110万6735件へと111・4倍まで増加し、20年度の貸付決定金額は2051・6億円となった。総合支援資金に至っては19年度の470件から20年度の78万5446件へと1671・2倍まで増加し、20年度の貸付決定金額は5641・7億円に達している。

リーマン・ショック時も生活福祉資金貸付制度の利用は増加したが、2009～11年度の平均貸付金額は、緊急小口資金は46・2億円、総合支援資金（離職者支援資金）は189・4億円と、

3　一方、子どもの学習・生活支援事業は、コロナ禍で学習教室への参加が難しかったこともあって、利用件数が減少している。

リーマン・ショック時との比較で見てもコロナ禍の特例貸付の貸付金額は約32倍に達しており、巨大な規模であることがわかる。

ここまで見たように、コロナ禍のもとでは第二のセーフティネットである生活困窮者自立支援制度（特に住居確保給付金）や緊急小口資金、総合支援資金の特例貸付が生活困窮者世帯への経済的支援として活用された。

しかし、コロナ禍の影響が長期化しているなかで、有期の住居確保給付金や貸付制度だけでは限界がある[4]。これらの緊急的な支援によって、仕事や生活の再建が可能となった世帯はよいが、コロナ禍で影響を受けた困窮者は、アルバイトやフリーランス、非正規雇用など、不安定な就業形態であることが多いだろう。仮に再就職できたとしても、返済に苦労することなども考えられる。

これらのコロナ禍での緊急対応の問題点や生活のセーフティネットの今後のあり方については、本章の最後にあらためて議論したい。

3　疲弊する支援の現場

支援現場に見えてきた課題

次に検討するのは、第二のセーフティネットの担い手である自立相談支援機関での支援の様子である。

急増する生活困窮者に対して迅速な給付・貸付事務と同時に、困窮者への相談支援を実施することは困難を極めた。本節では、自立相談支援機関へのアンケート調査を参考にしながら、コロナ禍の支援の現場で生じた課題について確認したい。

ここで参考にするのは全国社会福祉協議会（２０２０）である。この調査は、コロナ禍において社会福祉協議会（社協）が実施する自立相談支援機関の支援状況を把握するものである（調査時期は２０２０年10月26日～11月13日）。自立相談支援事業を実施する社協は、特例貸付の相談・申し込みなどの業務も担当していたことから、その広範な業務範囲が回答結果に影響を与えている。

調査報告書から読み取れる第1の課題は、相談件数が増加していたが、プラン作成にまで至っ

4　2021年7月からは、貸付限度額に達しているなどの理由で緊急小口特例貸付を利用できない困窮世帯に対して、新型コロナウイルス感染症生活困窮者自立支援金が支給された（支給期間は申請月から3カ月。ただし3カ月の再支給もあった）。

ていないという現状である。新規相談受付件数は、2019年度は7万1036件であったのに対し、2020年度（4～9月）は半年分であるにもかかわらず、13万5112件へと1・9倍に増加している。その一方で、新規プランの作成件数は、2019年度が1万9503件であったのに対し、2020年度（4～9月）は1万5396件であった。つまり、支援の現場では相談は受けているが、プラン作成までは手が回らない状況が示されているといえる。

第2の課題は、特例貸付・住居確保給付金業務と相談支援のバランスが難しいという点である。同調査には「その他の意見・要望等」に関する自由記述欄があるが、そのなかには業務バランスに関する回答が多く見られる（**図表2-5**）。特例貸付や給付金業務はスピーディーな対応が求められているが、その分、困窮者の状態像を考慮し、十分に時間をかけた相談支援が難しくなっている現状が示唆されている。

第3に、相談員の労働環境である。「時間外労働が過重となっている」という回答が過半数を超えている（56・6％）。健康状態［複数回答］も「現在、問題がある」が16・6％、「過去に問題があった」が15・5％、「今は問題はないが懸念がある」が59・0％であった。

以上のように、コロナ禍で特例貸付や住居確保給付金の業務が急増するなかで、困窮者支援の中心である相談支援業務が難しくなっている現状が示されている。

第2節でも確認したように、今日のセーフティネットの機能としては、伴走型支援や複合的な問題を抱える生活困窮者の状態像にあわせて各機関と連携した包括的な支援などが求められてい

図表2-5　現場の声

○相談員1人が欠ければ、他の相談員に負担がかかることから、休みも取れず過ごしてきた職員もいる。1人、2人と……負の連鎖があった場合、求人は追いつかない。
○医療、看護、介護の現場に慰労金が支給されているのは良いことだと感じている。ただ「貸付」や「給付」の福祉の現場は見過ごされるのか。どれだけ大変であるのか、国（厚生労働省）はきちんと調査すべきである。制度を利用する人は助かるが、制度を扱う人が疲弊し、体調を崩す、収入も見合わない……理不尽である。
○来年度以降、償還が始まると事務処理等の業務が増えると考える。今年度と同じく人的な予算増と業務費用など事務的な予算を組んでいただきたい。
○自立相談支援機関に様々な負荷をかけている現実がある。通常業務がおろそかにならないように（継続相談者やひきこもりの方など）これからはバランスを取りたい。大切な相談者の方との支援関係を丁寧に紡ぐ作業に戻していきたい。
○専門職を採用できるような、見通しを持てる予算確保が急務。場当たり的な補正予算では、事務員しか雇えない。
○生活困窮者自立支援事業、生活福祉資金、権利擁護事業を総合相談窓口として、1つの係で実施しているが、今期のコロナ感染拡大に伴う相談者の増加では、貸付以外に手が回らず、現体制の弱点が露呈した。今後、各業務の専任化などの課題解消が必要である。

出所：全国社会福祉協議会（2020）より筆者が抜粋

る。それらの支援を実施するためには十分な期間を必要とする。

しかし、リーマン・ショックやコロナ禍のような経済危機は突如として生じるものであるため、支援機関の実施体制が脆弱であった場合は、丁寧な相談支援の実施という地域のセーフティネットの本来の役割を果たすことができない。そのため、平時から地域のセーフティネットの人的配置については十分な備えが必要である。

4 深まる「孤独・孤立」と届かない支援

誰が孤独感を抱えるのか

コロナ禍のもとで生活困窮者の深刻な問題として注目されたのは、支援機関につながらないことで生じる「孤独・孤立」であった。緊急事態宣言下で景気後退が生じ、休業者や失業者が増加し、職場や地域社会における人とのつながりが失われた生活困窮者も多かった。また感染防止の観点から、介護や保育施設、学校などでも休業・休校などが求められ、独居高齢者や子育て世帯での孤立も見られた。

もとより生活困窮者は、支援機関の存在を知らないか、あるいは相談に行くことに躊躇することがある。コロナ禍によって、こうした生活困窮者が抱える孤独・孤立の問題がさらに深刻化したとも考えられる。

セーフティネットの対応としても、感染防止が求められていたこともあり、生活困窮者に対して必要な支援が届かないことが課題となった。社会保障の申請主義（利用の際、住民が自ら申請する必要があること）を改めて、「プッシュ型」の支援（行政が対象の住民に対して積極的に利用を促す）の必要性も提起されるようになった。

政府もコロナ禍が長期化するなかで、2021年2月に「孤独・孤立対策担当室」を設置して、孤独・孤立対策の検討を始めた。その実態把握のために、2021年12月に行われたのが『人々のつながりに関する基礎調査』である。ここではその調査結果を用いて、孤独とセーフティネットの関係について考察してみたい。

図表2-6は、孤独感を持つ人の割合を属性別に示している。[5] なお、全回答における孤独感を持つ人の割合は4・5％であった。

属性別で見ると、女性の4・1％、男性の4・9％が孤独感を抱えている。配偶関係を見れば、未婚者の9・6％、離別者の8・1％に孤独感がある。また年齢階級別に見ると、若い世代の

5 ここでの孤独感は「あなたはどの程度、孤独であると感じることがありますか？」という質問に対して、「しばしばある・常にある」と回答した割合である。

方が高く、20代の7・7%、30代の7・9%が孤独感を抱えている。これらの結果は、未婚者や離別者、あるいは若い世代のほうが、同居人がいないケースが多く、当然の傾向ともいえる。

経済的属性から見ると、失業中の人において孤独感を持つ人の割合が大きく、12・5%に達する。派遣社員も8・7%と高い水準である。年収も低所得のほうが孤独感を持ちやすくなっている。このことは、経済的に不利な環境におかれている場合のほうが孤独感を抱えやすいという特徴を捉えているのだろう。これらの調査結果からも、生活困窮者が孤独・孤立

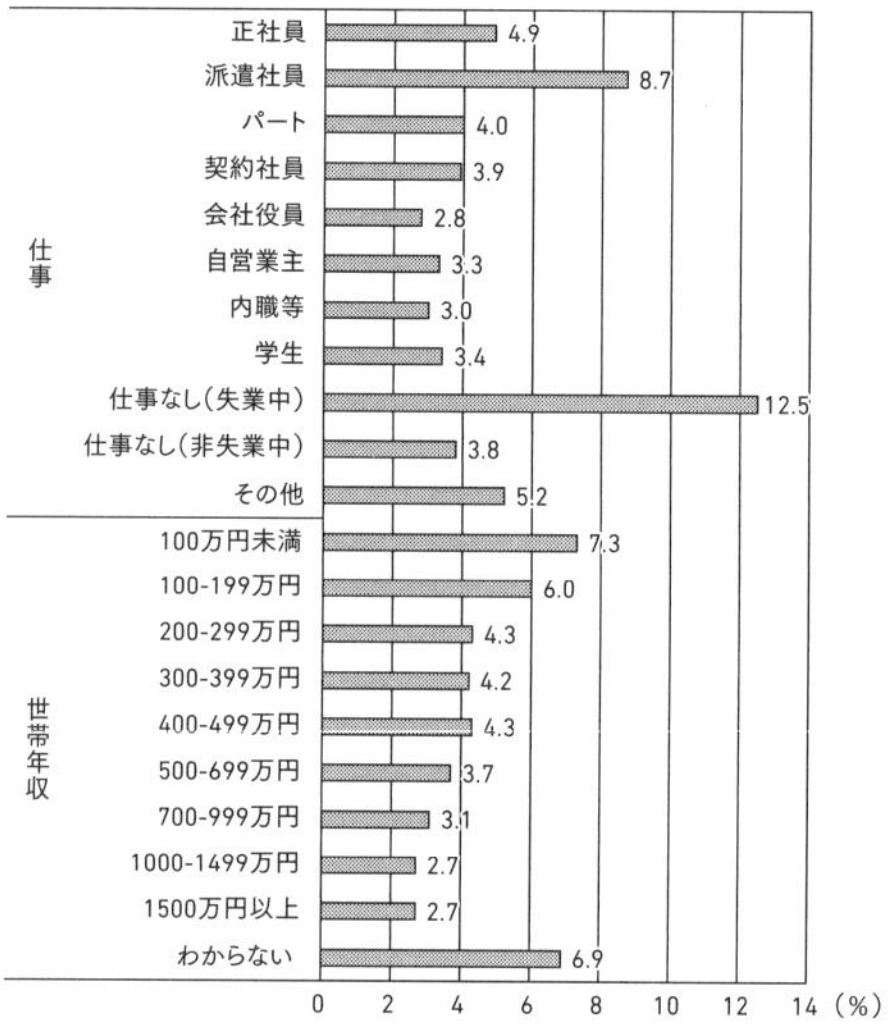

出所：内閣官房孤独・孤立対策担当室（2022）『人々のつながりに関する基礎調査（令和3年）』より筆者作成

感を持ちやすくなるといえる。

支援を受けない理由

この『人々のつながりに関する基礎調査』では、行政機関・NPOなどからの支援の有無についても、孤独感別に把握している。孤独感の質問に対して「しばしばある・常にある」と回答した人のうち、支援を受けている人の割合は8・2％と、支援を受けている人の割合の平均値である4・4％より高い水準である。やはり孤独感がある人のほうが支援のニーズがあることを示唆している。

しかし先に述べたように、生活

図表2-6　孤独感の高い人の属性

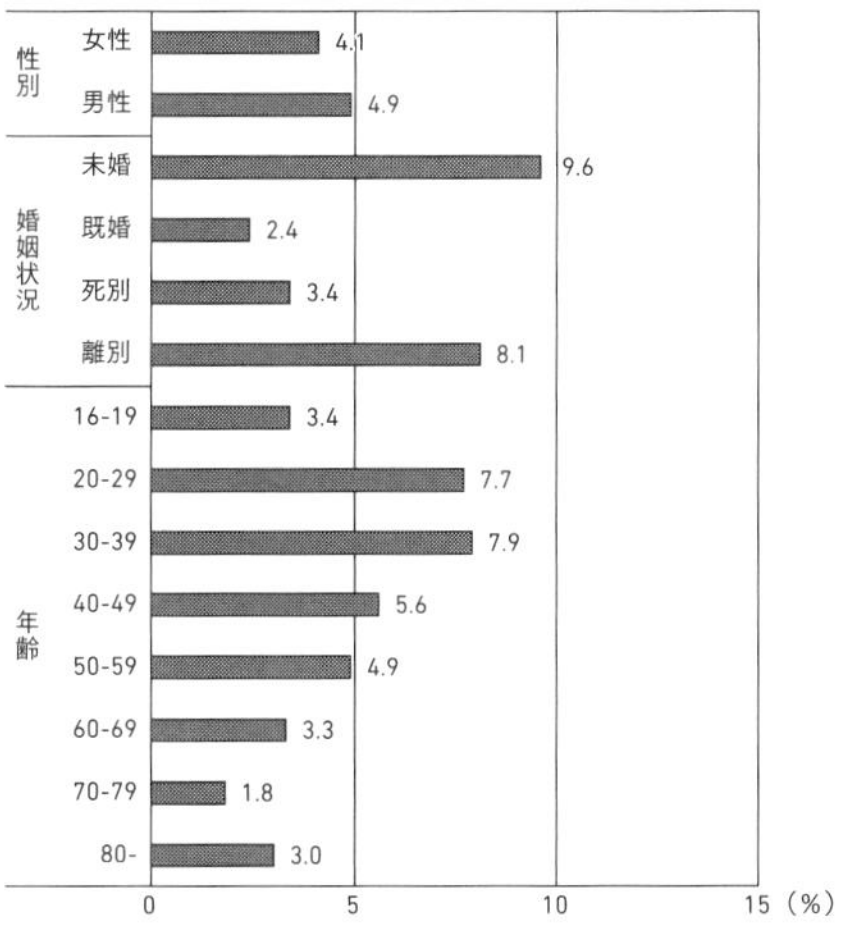

困窮者はセーフティネットが必要であるにもかかわらず、支援を受けない場合があることが知られている。ここで支援を受けない理由について検討してみたい。**図表２－７**は、行政機関やＮＰＯなどの民間団体から困りごとに対する支援（対価を直接支払うものを除く）を受けていない人の理由を示したものである。

孤独感が「しばしばある・常にある」人が支援を受けていない理由は、「支援が必要ではないため」以外では、「支援の受け方がわからないため」が最も多く、２割超（23・３％）に達する。次に、「支援が必要だが、我慢できる程度であるため」が13・７％となっている。「支援を受けるための手続きが面倒であるため」という回答も１割弱（９・１％）程度見られる。

つまり、孤独感が高い人は、支援の受け方に関する情報が不足していたり、また支援が必要であって

図表2-7 孤独感別の支援を受けていない人の理由

（%）

	n	支援が必要ではないため	支援が必要だが、我慢できる程度であるため	支援の受け方がわからないため	支援を受けるための手続きが面倒であるため	支援を受けるのが恥ずかしいと感じるため	支援を受けると相手に負担をかけるため	支援を申し込んだが断られたため（支援対象外の場合を含む）	その他	無回答
全体	10,581	85.0	6.8	7.2	2.9	1.2	0.7	0.5	2.5	1.8
しばしばある・常にある	451	60.5	13.7	23.3	9.1	4.2	4.2	2.7	8.2	1.3
時々ある	1,478	74.4	12.4	12.4	5.0	2.8	1.4	1.4	3.5	2.4
たまにある	1,812	82.2	8.9	9.4	4.1	1.8	1.2	0.3	3.0	1.5
ほとんどない	4,201	89.2	5.0	4.5	1.8	0.5	0.3	0.3	1.9	1.6
決してない	2,572	91.3	3.7	4.0	1.6	0.3	0.2	0.2	1.6	1.9

出所：内閣官房孤独・孤立対策担当室（2022）『人々のつながりに関する基礎調査（令和3年）』

も我慢したり、手続きを面倒に感じることがあるといえる。社会的なつながりが失われ、孤独である状態が、生活困窮時の支援の利用にも影響しているのかもしれない。

孤独・孤立の問題は、コロナ後も引き続き、将来的な課題として残り続ける。日本社会が2040年頃に中長期的に高齢化人口がピークを迎える「2040年問題」が喧伝されて久しいが、そのなかでも単独世帯の増加は、社会政策上の大きな課題となっている。2040年に、単独世帯が総世帯に占める割合は約4割（39・3％）に達すると推計されている。特に、高齢単独世帯の増加が見込まれているが、未婚者の増加や家族扶養の意識が低下するなかで、子どもからの支援に期待することも難しい（厚生労働省2020）。

近年のセーフティネットの議論で「地域」という観点が強調されるのも、こうした孤独・孤立の問題に対する政策対応という側面も大きい。先述の通り、生活困窮者自立支援制度の創設時以降、「経済的困窮」のみならず「社会的孤立」を対象とすることが模索されてきた。そしてその対応策として、支援団体による相談支援を中心とした地域のセーフティネットの整備が図られてきた。生活圏域でのつながりを通じて、人々が気軽に相談したり、早期の支援が受けやすくなることはこれからも課題であり続けるだろう。

5　誰もが利用できる安全網へ

コロナ禍の緊急対応から見えてきた課題

本章では、コロナ禍でのセーフティネットの動向の検証を通じて、その課題の検討を行った。冒頭でも述べたように、現在の日本のセーフティネットは3層構造となっているが、最後のセーフティネットである生活保護制度はあまり利用されることはなく、第二のセーフティネットでの対応が中心だった。結びとして、現行のセーフティネットの問題点と今後の課題について考察したい。

まず、コロナ禍でのセーフティネットの緊急対応についての評価である。パンデミックがもたらした未曽有の経済危機においても、生活保護制度は活用されることはなかった。これはリーマン・ショック時よりも大幅に支給額が上回った雇用調整助成金や後述する第二のセーフティネットの効果によるものが大きいが、生活保護の受給要件による制約もあったと考えられる。

具体的にいえば、生活保護を利用するためには、最低生活費未満まで収入が減少するだけでなく、資力調査（資産や稼働能力に関する調査）の基準を満たしていることが求められる。コロナ禍で失業や廃業をして生活困窮者となった現役世代や自営業者にとっては、自動車を売却したり、資力調査を受けて生活保護を受給することは、選択肢としては考えにくいだろう。

一方で、多く利用されたのはリーマン・ショック時に整備された第二のセーフティネットであった。1つは、生活困窮者自立支援制度における住居確保給付金である。年齢要件（65歳未満）の撤廃や支給対象者に休業による収入減少者を加えたことなどもあって、２０２０年度の支給決定件数は前年比34倍の13・5万件まで増加した。しかし住居確保給付金には資産要件があり、預貯金がそれなりにあった失業者や休業者はすぐに使えるわけではない。

もう1つ利用されたのは、緊急小口資金や総合支援資金の特例貸付である。コロナ禍で対象者の拡大や貸付上限の引き上げなどの貸付要件の特例措置がなされて、２０２２年9月までに約３３５万件、総額では1兆４０００億円を超える状況になっている。確かに今回の特例措置ではこれらの貸付は無利子であり、生活困窮が継続する場合（借受人と世帯主が住民税非課税である場合など）は一括で償還免除がなされるなどの大胆な措置がとられているが、生活困窮者に対して貸付を行うことはセーフティネットとはいえないだろう。

コロナ禍での緊急対応（住居確保給付金の要件緩和や特例貸付）は、支援対象を拡げ、そして生活困窮世帯への即時の経済的支援として実施された。しかしコロナ禍が長期化するなかで、支給期間の制限がある住居確保給付金や特例貸付では、生活困窮者の安定した生活保障は実現できない。２０２３年1月から特例貸付の返済も始まったが、コロナ禍で大きな影響を受けた世帯は返済をしながら生活再建を行わなければならない。実際、２０２２年10月時点で返済免除を求める申請は貸付総数の3割超になるという報道もあり、[6] 貸付による生活再建がどれだけ難しいことかは明らかである。一方、社会福祉協議会などの支援機関にはその償還業務とともに、今度は家計管理支援という膨大な業務が待っている。

今回のコロナ禍での緊急対応はリーマン・ショック時よりも寛大な支援だったが、それは平時のセーフティネットにおいて不十分な部分があるために実施されたともいえる。やはりセーフティネットの編み直しが求められているのである。

セーフティネットの編み直し戦略

最後に、生活のセーフティネットの編み直しのための戦略を述べてみたい。

第1の課題は、住宅手当の新設である。現行の第二のセーフティネットには、住居確保給付金(原則3カ月)があるが、求職活動が要件となっており、次の就職先を見つけるまでの有期の給付という設計になっている。

そのため、コロナ禍が長期化するなかで、住居確保給付金の支給期間の延長や各種の生活困窮者向けの給付金支給を繰り返し、特例貸付や再貸付などを実施することになった。こうした経緯を踏まえても、やはり「平時」の第二のセーフティネット分野での経済的支援の充実が必要である。

日本の社会保障制度の将来を考えたとき、諸外国でも多く実施されている住宅手当を第二のセーフティネットに導入することが望ましい。今回の住居確保給付金の急増を見ても、その必要性は理解されるはずである。しかし住宅手当導入の意義は、生活困窮者への支援のみにとどまらない。子育て世帯への生活コスト軽減や今後増加する高齢低年金者への対策など、現在の社会保障制度の課題から見ても、効果的な制度といえるだろう。

第2の課題は、地域のセーフティネットの充実である。コロナ禍のもとで孤独・孤立の問題が注目されるようになったが、今後も単独世帯の増加など、いわゆる「無縁社会化」はさらに進行すると考えられる。それだけに、相談支援の役割を担う地域のセーフティネットの役割が期待されている。しかし生活困窮者は、たとえ支援が必要な場合でも支援団体へ相談に行かないこともある。そのため、平時から誰もが通いやすい居場所づくりを行うことが重要であり、さらに、積極的にプッシュ型の支援にも取り組む必要がある。

孤独・孤立や軽度の精神疾患・発達障害などの問題は、低所得世帯に限らない普遍的なニーズがある。生活困窮者自立支援制度は、地域の困りごとの相談先としての意義がある。「誰もが利用できる」という意識を共有するためにも、身近な地域でのさらなるセーフティネットの充実が欠かせない。

6　日本経済新聞の調査によれば、特例貸付の総額は2022年9月末時点で約335万件、約1兆4269億円に達する。10月末時点の返済免除の申請は約106万件（貸付全体の約32％）であり、そのうち免除決定は約63万件で約2108億円にも上る（「日本経済新聞」2023年1月10日朝刊）。

参考文献

五石敬路（２０２１）「コロナ禍の生活困窮からセーフティネットのあり方を考える」『都市問題』１１２（７），pp.4-12.

厚生労働省（２０１５）「生活困窮者自立支援制度について」

厚生労働省（２０１７）「「地域共生社会」の実現に向けて（当面の改革工程）」

厚生労働省（２０２０）『厚生労働白書令和2年版――令和時代の社会保障と働き方を考える』日経印刷

厚生労働省（２０２１）『厚生労働白書令和3年版――新型コロナウイルス感染症と社会保障』日経印刷

佐藤順子・角崎洋平・小関隆志（２０２０）「コロナ禍と貸付による生活困窮者支援」『貧困研究』25, pp.24-38.

全国社会福祉協議会地域福祉部（２０２０）『社協が実施する自立相談支援機関の状況に関する緊急調査結果報告書』

田中聡一郎（２０２１）「コロナ禍におけるセーフティネットの現状」『共済新報』62（7），pp. 4-12.

田中聡一郎（２０２２）「コロナ禍と所得格差――日本の動向と国際比較」『自治総研』48（6），pp. 35-46.

北海道総合研究調査会（２０２１）『生活困窮者自立支援制度の実施状況の把握・分析等に関する調査研究事業報告書』（令和2年度生活困窮者就労準備支援事業費等補助金社会福祉推進事業）

第3章

セーフティネットの基盤を考える

――必要な人に制度を届けるために

平川則男

はじめに

セーフティネットを届けるために

長期間続いた新型コロナウイルス感染拡大は、急激な経済活動の停滞などによって雇用や生活面で多くの人々に影響を与えた。このような状況に対し、雇用保険制度や社会保障制度が、人々の暮らしを支えるセーフティネットとして一定の機能を果たしてきた。

しかしながら、暮らしを支えるセーフティネットが、必要な人に届いていない、届きづらいとの課題も指摘されている。

例えば、生活に困窮し、行政から何らかの支援を受ける必要がある場合、どうするだろう。特に、新型コロナウイルス感染拡大の中で、勤務のシフトを減らされたり、旅行需要が消失して急激に収入が減少したりして、生活保護制度の利用を検討した人もいるだろう。しかしその場合、すぐに役所に生活保護の相談に行くだろうか。相談をためらったり、相談しても窓口で断られたらどうしようかと相談窓口の前で立ちすくんでしまう人も少なくなかったと思われる。また、生活保護制度について聞いたことがあったとしても、制度が自分にとって遠い存在であったりすると、制度の利用にはたどり着けない。

さらに医療についてはどうだろうか。都会では診療所や病院があちこちにあり、いつでも医療を受けることができるが、離島やへき地などでは医療を受けること自体に大きなエネルギーが必要となる。診療所や病院に行くのに1日がかり2日がかりの地域はめずらしくない。脳溢血などを発症した場合、病院から遠い地域では治療が遅れ、その後の健康を左右するケースもある。

生活保護制度は、要件が整えばすべての国民が受けられる制度である。医療保険制度も社会保険制度として、基本的に日本で暮らす誰もが利用できる制度であるはずである。にもかかわらず、このような事態となっているのは、制度があるものの、その制度が必要な人に届く仕組みが十分機能していないことにあるのではないか。

そこで本章では、セーフティネットを必要な人に届ける機能である「基盤」に着目し、その基盤の機能如何によって、セーフティネットが必要な人に届いているのかという検証を行い、課題を明らかにしていきたい。

1　セーフティネットの「基盤」とは

必要な制度を届ける仕組みとその課題

高度経済成長期には、国・地方自治体の公的団体中心の提供体制と、「家族・地域・職域」という集団の機能が、制度としてのセーフティネットを必要とする人々にその制度を届ける機能を果たしてきた。つまり、集団の機能が人々の孤立・孤独を防ぎ、相談や支援制度につなげたり、企業の福利厚生とそれを支える労使がさまざまな相談機能を持ち、さらには住まいや医療の支援を整えてきた。

しかし、１９９０年代以降、家族・地域・職域の機能に大きな変化が生じてきた。三世代同居世帯の大幅な減少と単身世帯の増加という世帯構成の変化による家族のセーフティネット機能の減退。人口減少・現役世代の急激な減少による地域のセーフティネット機能の減退。非正規雇用の増加、企業の福利厚生の見直し、労働組合組織率の低下などによる職域のセーフティネット機能の減退などが見られ、制度としてのセーフティネットを支えてきた「集団」の力が弱まることとなった。

このような社会の変化に対して、現在、制度を届ける仕組みや実務がどう機能しているのかが問われている。必要な制度を届けるには、「制度の適用」「制度の情報、理解、信頼」「普遍的な実施体制」「基盤内部の連携」「制度を担う人的資源」などの機能が重要となる。

本章ではこれらをセーフティネットを機能させる基盤として位置付ける。つまり、セーフティネットの各制度が、制度の適用などの基盤の機能を通じて、必要な人に制度が適切に届く仕組みを構想したい（**図表3－1**）。

そのために、その基盤の機能を次のいくつかの切り口で分析し、課題を整理する。

・制度の「適用」という課題

厚生年金制度のように、制度が適用されるべき人に適用されていない。また、生活保護のように、申請の権利があるに

図表3-1　セーフティネットの「基盤」

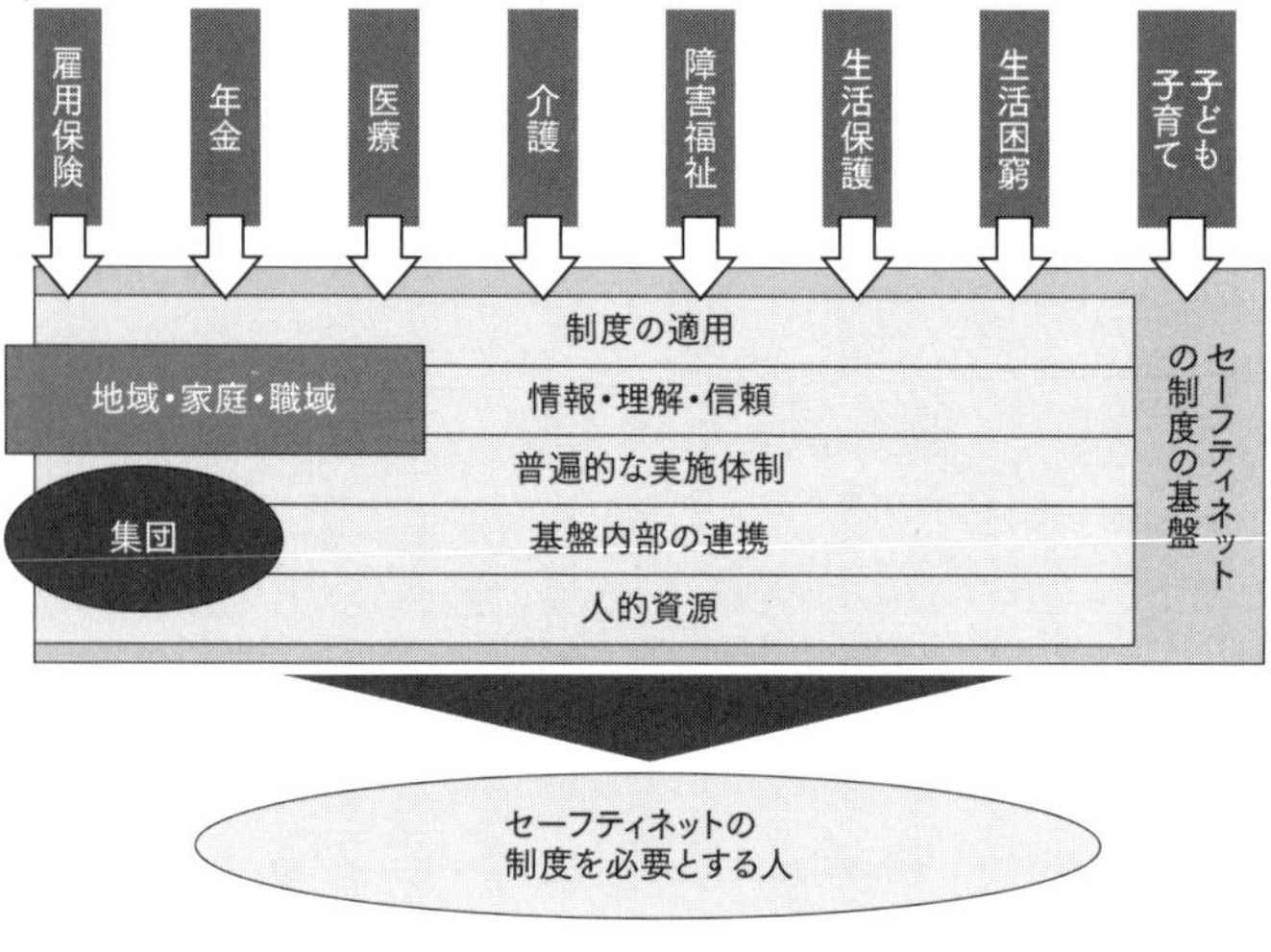

もかかわらず、権利が行使できていない人がいるという課題がある。

・情報を届け、理解・信頼を高めるという課題

制度の情報が届いていない、理解されていない、制度への信頼がないために、制度の利用につながっていないという課題がある。

・普遍的な実施体制という課題

制度を届ける実施体制や専門職の配置などに大きな地域間格差があり、地域によっては適切なサービスの給付がされていないという課題がある。

・基盤内部の連携という課題

多様なサービス提供機関・団体間の連携が十分でなかったり、その連携が有効に機能していないことによって、制度を必要とする人の立場に立った支援になっていないという課題がある。

・基盤を支える人的資源という課題

人々を支えるために働く人の処遇が十分ではなく、専門職が適切に配置されなかったり、事業の継続性や事業者の能力が十分ではなく、制度を必要とする人に制度が届いていないという課題がある。

2　制度の「適用」という課題

制度の「適用」の重要性と実際

セーフティネットの中でも中核となる社会保険制度は、1961年以降、「国民皆保険」と呼ばれ、日本に暮らすすべての人を対象とした強制保険という性格を有している。被用者であれば、一定の要件が整えば厚生年金や雇用保険の被保険者となる資格を有する。しかし、強制保険でありながらも、被保険者としての手続きがされていない場合、給付が受けられず、生活保障にかかわる問題が生じうる。例えば、雇用保険に関しては、失業給付や新型コロナウイルス感染拡大下で大きな役割を果たした雇用調整助成金の対象外となる。厚生年金は、被保険者期間や保険料納付期間の長短が将来の老齢年金の給付水準に関わる問題となり、不可逆的な影響を生じることとなる。[1] 特に近年は単身高齢者の低年金・無年金問題が顕在化しているが、現在の厚生年金制度の加入動向を見ても、その問題は今後さらに深刻化する可能性もある。

そこで本節では、厚生年金と雇用保険の事業所への適用状況を見ていきたい。厚生年金制度については、被保険者資格を有するのは、適用事業所に使用される70歳未満の者とされている（厚生年金保険法第9条）。その適用事業所のうち、強制適用の事業所となるのは、株式会社などの法人の事業所（事業主のみの場合を含む）と、従業員が常時5人以上いる個人の事業所についても、農林漁業、サービス業などの場合を除いて厚生年金保険の適用事業所となる。雇用保険法でも、「この法律において『被保険者』とは、適用事業に雇用される労働者であって、第六条各号に掲げる者以外のものをいう」（雇用保険法第4条）とされている。[2]

では、実際に法律通り、適用事業所となるべき事業所がすべて適用されているのか。残念ながら、一部の事業主は、社会保険料の事業主負担を忌避するために、「被保険者資格取得」の届け出を怠ることがある。これによって、制度としては当然に被保険者となるはずの者が、実態として被保険者とならない場合がある。

しかしながら、このような実態の全体像については、十分把握されているとは言い難い状況にある。その全体像を示している数少ない資料として挙げられるのは、2006年9月に公表された「厚生年金保険に関する行政評価・監視結果報告書」である。そこでは、雇用保険と厚生年金保険ともに未加入の事業所が30・7〜36・8万事業所、雇用保険に加入しているが厚生年金保険に未加入の事業所が32・7万事業所とされている。厚生年金保険の適用漏れは267・3万人に上ると推計され、対策を徹底すべきとの意見も示されている。さらに、2019年3月に公表された厚生労働省の「平成29年国民年金被保険者調査」では、「厚生年金保険の適用にかか

1　平川則男（2021）「正社員、非正社員の厚生年金加入期間などの比較からみる今後の課題」『連合総研レポートDIO』34（9）、9月号
2　雇用保険法第6条で、週労働時間20時間未満の者などの適用除外規定が明記されている。

る粗い推計」を行っており、国民年金に加入しているが、本来、厚生年金の適用の可能性がある者は、156万人（うち短時間労働者は12万人）とされる。

これらの推計が示すように、事業所の中には適用逃れをしたり、従業員から保険料を徴収しておきながら、年金事務所に納付しないところも多数存在すると考えられる。

厚生年金・雇用保険の適用実態

このような状況への対応として、近年の日本年金機構による適用促進の取り組みについて分析してみよう。

日本年金機構では、厚生年金制度への加入手続きを行わず、保険料の納付を免れている事業所（適用調査対象事業所）に対して、加入指導などの取り組みを行っている。これらの取り組みは、2002年からは雇用保険適用事業者情報、2012年からは法務局の法人登記の事業所情報を活用してきたが、休眠法人や厚生年金適用要件に満たない事業所が多く含まれていたため、効率的な適用促進対策をとるには限界があった。

しかし2014年12月より国税庁から源泉徴収義務者情報[3]の提供を受け、2015年以降未適用事業所への加入指導における情報活用を進めてからは状況が大きく変化した。この情報と日本年金機構の情報の突合により、実際に従業員に給与を支払っている「事業活動の実態がある会社」へのアクセスが容易になり、事業所・企業に対する適用手続きの勧奨などの取り組みが進んだためである。

こうした取り組みの結果、日本年金機構の令和3年度業務実績報告書によると、2013年から20年までの事業所への加入指導により適用した被保険者数は、累計152・1万人に上り、2015年以降の源泉徴収義務者情報の活用後は、概ね毎年20万人のペースで増えている**（図表3－2）**。

この実績もあり、厚生年金（民間、公務員、私学含む）の被保険者数の動向をみると、2013年度の被保険者数3527・3万人に対し、2019年度は4037・4万人と、約510・1万人増えている。厚生年金の被保険者の増加要因は、女性の就業率の上昇による雇用者の増加に加え、日本年金機構の取り組みも大きな役割を果たしていると言える。

3 国税庁と厚生労働省の間で、「所得税の源泉徴収義務者に関する法人情報提供実施要領」が定められ、給与等の支払いに関わる所得税の源泉徴収義務者である法人に関する、事業所名称、事業所所在地、給与支給人員などの情報提供を行うこととされている。

図表3-2 厚生年金事業所への適用促進の取り組み状況

年度	2013年	2014年	2015年	2016年	2017年	2018年	2019年	2020年
新規適用事業所数	91,457	113,430	157,184	182,422	165,007	157,818	146,533	120,898
うち、加入指導により適用した事業所数	19,099	39,704	92,550	115,105	99,064	100,727	91,342	99,682
加入指導により適用した被保険者数	56,329	123,649	239,024	265,002	228,970	200,155	175,774	232,406

出所：日本年金機構（2021年12月）社会保障審議会年金事業管理部会資料「日本年金機構の令和3年度の取組状況について」より一部修正

また、総務省の労働力調査の雇用者数に対する厚生年金被保険者数の割合を算出してみると、２０００年代は70％前後であったのに対し、19年には75％前後まで上昇していることがわかった。２０１６年10月から、５０１人以上の企業などで働く短時間労働者への適用拡大を開始したものの、その効果は37万人とされていることから、制度改革の効果以上に、日本年金機構による適用促進の取り組みの効果は大きいと言える（**図表３－３**）。

ただし近年は、バーチャルオフィスの増加や、オートロックのあるマンションに事務所を構えるケースも増えたことで、立ち入り調査に困難をきたす

図表3-3　雇用者数に対する厚生年金・雇用保険のカバー率の推移

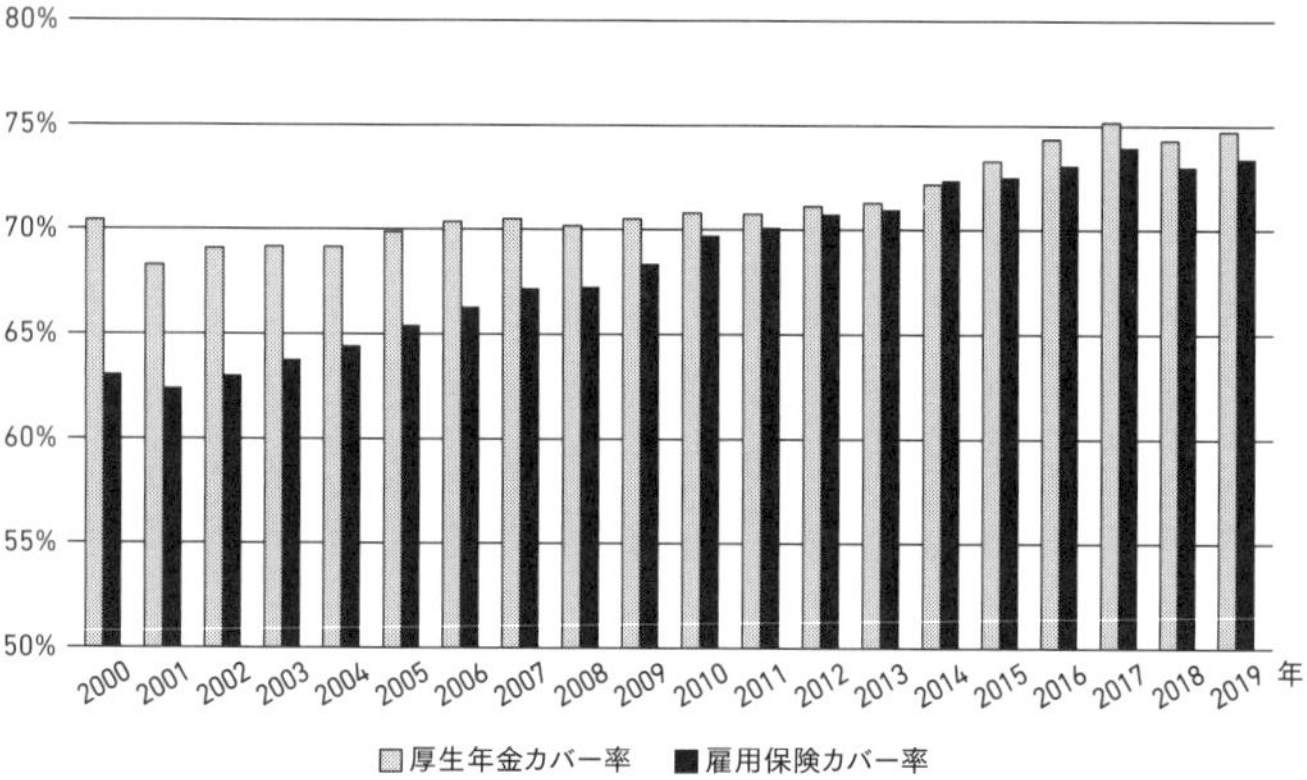

注：厚生年金カバー率には公務員の共済年金等を含む。
雇用保険には正規公務員は未加入であることに留意

出所：総務省労働力調査、厚労省・公的年金財政状況報告、
厚労省・雇用保険事業年報より筆者作成

こともある。さらに、年金制度は、２０２２年10月より短時間労働者への厚生年金適用を従業員数１０１人以上の中小企業まで拡大したのに続き、その後も51人以上の規模の企業への適用拡大が実施される。加えて今後の改革の方向として、企業規模要件の撤廃や、飲食店・理美容店等のサービス業などの非適用業種への適用に関する制度改正も想定され、適用に関する実務の重要性が増していくこととなる。こうした状況への対策として、日本年金機構では「特別法人対策部特別適用対策グループ」を立ち上げての体制強化や、飲食業対策として、保健所や警察との情報連携を開始している。

次に雇用保険の適用状況であるが、適用事業所数や被保険者数の推移については、「雇用保険事業年報」で公表されている。それによると、２０１４年度末の被保険者数は４０１５・２万人、19年度末は４４１１・２万人と３９６万人の増加となっており、労働力調査の雇用者数とほぼ平行して増加している。

適用促進の取り組みについては、都道府県労働局が中心となり、未手続事業一掃対策を進めている。具体的には、日本年金機構の事業所情報、法務局の法人登記簿との労働保険適用事業場の突合やハローワークの求人、労働基準監督署や許認可行政庁からの情報に基づき、都道府県労働局による手続き指導、立ち入り調査、認定決定、納入告知書の取り組みである。なお、長期的に見ると、近年の雇用保険法改正による制度としての適用拡大により、労働力調査の雇用者数に対する雇用保険被保険者数（正規の公務員は雇用保険対象外であることに留意）の割合が急激に高まり、セーフティネットの機能が強化されていることがわかる（図表3－3）。

今後の取り組みの課題

ここまで、日本年金機構や厚生労働省の「適用」という実務が、制度を必要としている人に制度を届けるためには極めて重要であることを見てきた。加えて、国土交通省の対応についても紹介しておきたい。

建設産業においては、「下請企業を中心に、雇用、医療、年金保険について、法定福利費を適正に負担しない企業（すなわち保険未加入企業）が存在し、技能労働者の処遇を低下させ、若年入職者減少の一因となっているほか、関係法令を遵守して適正に法定福利費を負担する事業者ほど競争上不利になるという矛盾した状況」が生じていた。[4]このため、中央建設業審議会の提案を受け、２０１２年から、行政、元請、下請一体となった社会保険加入推進の取り組みを展開してきた。その結果、対象労働者の加入割合については、２０１１年10月時点で雇用保険75％、厚生年金58％だったものが、19年10月にはそれぞれ94％と89％に改善されている。[5]

以上のことから、制度の適用についてはそれぞれの制度の実務を実施する機関の取り組みが重要であることに加え、各行政機関による情報連携や業界内部の牽制機能、公契約における確認、事業所に対して牽制機能を有する公的機関のさまざまな連携強化（特に省庁・地方自治体において、社会保険加入を入札要件とする）などによって、解決を図ることが重要となる。

しかしながら、国土交通省のケースのように、すべての許認可官庁や行政機関が協力的なわけではない。特に地方自治体においては、応札事業所に対して、社会保険の加入の有無の提示を要件としていないところもあり、また要件としていたとしても、適用逃れをしている事業所情報を日本年金機構や都道府県労働局と連携するところはほとんどないと思われる。「公契約条例」の課題については後述するが、この点について多くの課題があると言える。

3　情報を届け、理解・信頼を高めるという課題

制度に対する情報・理解・信頼の現状

社会保障制度に対する国民の関心は高い水準を維持している一方、その制度に対する理解や信頼は心もとない。事実、連合総研の第39回勤労者短観調査（2019年）によると、現在の年金、医療、介護、子ども子育て支援といった社会保障制度のうち、「信頼できるものが全くない」と

4 国土交通省（2012）「社会保険未加入対策の具体化に関する検討会」https://www.mlit.go.jp/totikensangyo/const/totikensangyo_const_tk2_000060.html（2023年1月6日閲覧）

5 国土交通省（2020）「第1回　建設業の一人親方問題に関する検討会資料」

答えた人が半数を占めた。

また、厚生労働省が実施した社会保障に関する意識調査[6]によると、行政機関からの社会保障制度の情報について不満に思うこととして、「専門用語が多く内容が理解できない」と答えた人が半数近くを占め、「情報を入手する方法がわからない」と答えた人も4割近くに上っている。さらに、内閣府の「子供の生活状況調査の分析」（2021年）によると、収入水準が最も低い世帯（等価世帯収入中央値317万円の2分の1の世帯）においては、就学援助や児童扶養手当の利用割合は5割にとどまっている。

その理由としては、「制度を知らない」「手続きの仕方がわからない」「利用しにくい」などが挙げられている（**図表3－4**）。また、孤立・孤独の状況が制度につながりにくいことも本書第2章で分析されている。このように、制度への信頼が高くなく、制度を活用しづらいという意識、制度そのものを知らなかったり、もしくは制度が必要なのに利用していない・できていないといった状況が、深刻な結果をもたらしている可能性がある。

このような状況の背景には、国や行政側の対応が大きな要因となっている可能性がある。例えば生活保護制度は、かつては利用者本人の申請主義が徹底され、実際に貧困などで困難を抱えている人がいても、申請がなければ、貧困が存在しないものとされていた。

さらには、申請そのものに制限をかけるような状況もあった。

１９８１年11月、反社会的勢力による生活保護の不正受給が社会問題となったことをきっかけに、当時の厚生省は、「生活保護の適正実施の推進について」（いわゆる１２３号通知）を発出し、保護の要件に関する調査の徹底を全国の福祉事務所に求めた。しかしその通知は、福祉事務所の窓口において生活保護の申請を受け付けないという水際作戦を招いた結果、餓死者が出るなどの犠牲を生み、社会の批判を受けることとなった（ただし今日は、厚生労働省は福祉事務所設置自治体に対し、「申請の意思が確認された方に対し

6 厚生労働省政策統括官付政策立案・評価担当参事官室（２０１９）「２０１９年社会保障に関する意識調査報告書」

図表3-4　支援制度を利用していない理由

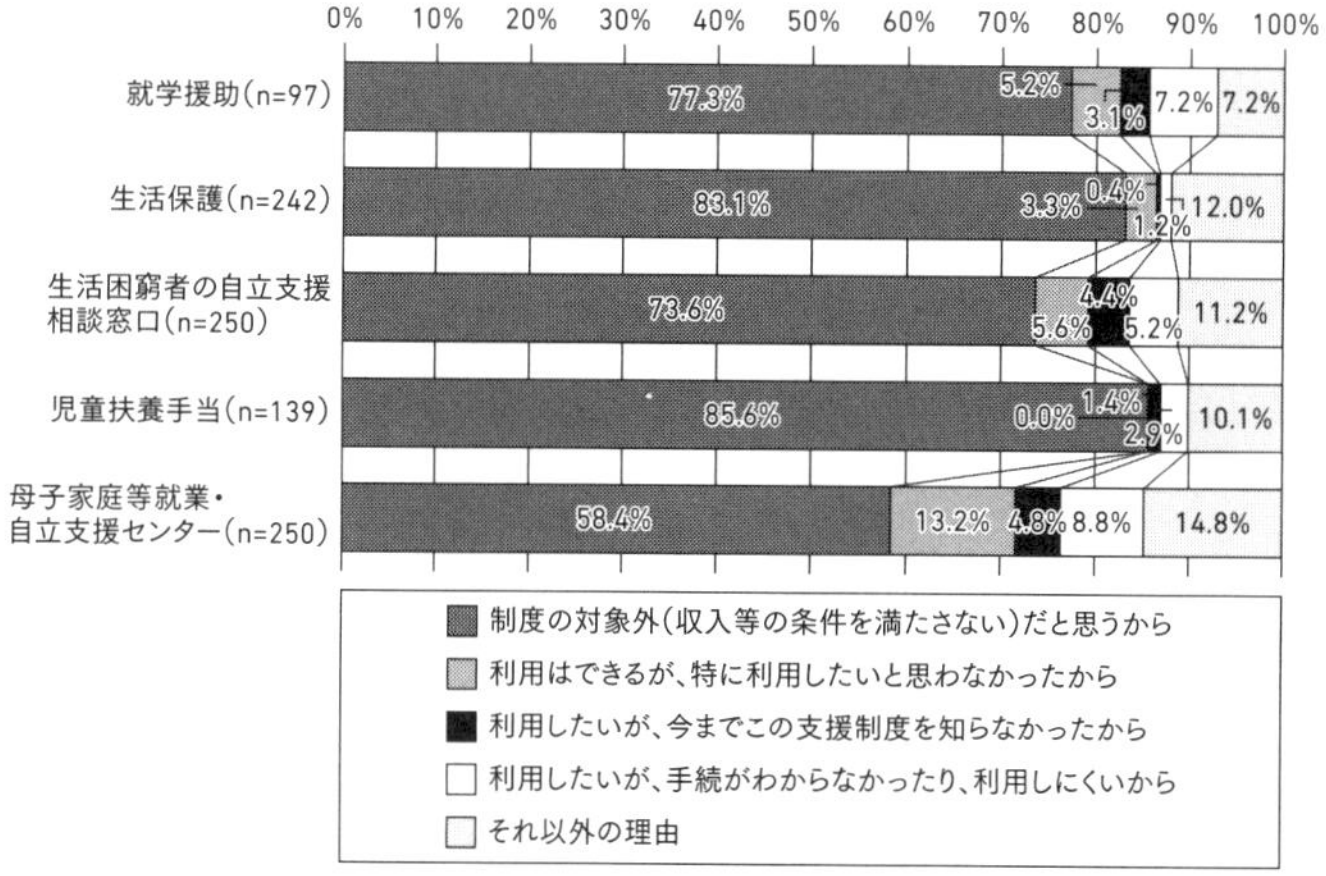

注：等価世帯収入が「中央値の2分の1（158.77万円）未満」の場合
出所：内閣府「子供の生活状況調査の分析報告書」（令和3年）より抜粋

ては、速やかに保護申請書を交付する」「法律上認められた保護の申請権を侵害しない」ことなどを求めている)。[7]

このような制度の利用の不透明さについては、生活保護制度だけではなく、かつての介護保険制度以前の高齢者福祉制度の「措置制度」にも問題の所在があった。つまり、措置制度は地方自治体が対象者やサービスの内容、サービスの量について行政裁量で決定する仕組みであり、その決定過程は決して透明化されたものではなかった。このことも、制度に関する情報が、それを必要とする人々に届かず、制度に対する理解や信頼を失わせる要因となっていた可能性がある。

制度の理解に向けた取り組み①――新潟県労働者福祉協議会(労福協)・風テラス

ここからは、このように制度に関する情報が十分に伝わっていなかったり制度に対する理解・信頼に課題がある状況下で、必要な人に制度を届けている特徴的な支援事例について見ていきたい。

2015年に新潟で設立されたNPO法人「風テラス」は、風俗で働く女性を対象にした無料の生活・法律相談窓口で、LINEやツイッターなどのSNSを通して、風俗店で働く女性たちから、24時間365日、相談を受け付けている。必要に応じて、弁護士とソーシャルワーカーのチームによる、対面もしくはLINEでの相談につなぐ形で運営してきた。2017年4月からはオーナーの理解のもとで、デリヘルの店舗の待機部屋に出向いて相談支援活動を行っている。そこで働いているのは、「現金日払い」「完全自由出勤」「経歴・資格不問」という条件のもと、生活に困窮した単身女性、シングルマザー、社会的養護の出身者をはじめ、依存症、双極性障害や不安障害などの精神疾患、軽度知的障害や発達障害を抱えた人など、現行の法制度・福祉制度では十分な支援が届きづらいニーズや課題を抱えた女性たちである。

彼女たちは、多重債務、精神疾患、生活困窮など、複雑かつ多重化した悩みを抱えていることが多く、ただお店をやめさせるだけ、債務整理をするだけでは問題を解決できないケースがほとんどだという。そんな彼女たちがまず頼りにするのは、福祉の窓口ではなく、デリヘルのオーナーやホストクラブのホストであることが多い。それは、すぐにアパートの保証人になってくれたり一時的な生活費が確保できたりすること、また「ちやほや」される経験、いわゆる成功体験が少ない中、風俗業界で働くことで一時的な自己肯定感が得られるからである。しかしそうした肯定感が得られるのはあくまで最初だけであり、その後は決して彼女たちのためにならない事態に陥ってしまう可能性が高い。さらに世間の風俗に対する偏見により、風俗で働いていることを誰にも言えないまま、行政の窓口や民間の支援団体にも相談できず、困窮を深めてしまう女性たちも多い。

このように福祉行政に対する不信感や相談窓口のハードルの高さ、相談のスキルに問題がある

7 厚生労働省（2019）「社会・援護局関係主管課長会議資料」

などの理由で、風俗業界で制度としてのセーフティネットを必要とする人が「福祉」の入口の段階で「立ちすくんで」しまう実態がある。風テラスの取り組みのように、「相談の場」や積極的なアウトリーチ＝現場に出向いての「場」づくりが、彼女たちの相談のハードルを下げ、相談窓口など福祉の入口の前で立ちすくんでいる人に、必要な制度を届けることを可能にしていると言える。

制度の理解に向けた取り組み②――西東京市「こども食堂げんき」

同様に、「場」づくりとして重要なのが子ども食堂である。「認定ＮＰＯ法人全国こども食堂支援センター・むすびえ」によると、全国でその数は６０１４カ所に上り、２０１９～20年で１２４２カ所増、20年以降も１０５４カ所増加している。この増加要因として、子ども食堂には単に「食堂」としての機能だけではなく、さまざまな子どもが集まる中で、困りごとの相談を制度につなげる場としての機能があるからだと考えられる。

西東京市にある「こども食堂げんき」（代表　高澤幸子）は、月２回、土曜日と日曜日の昼に、１日50食の食事を提供している。希望すれば誰もが利用できる子ども食堂として始まり、開設して２年が経過している。利用する子どもの年齢も、２歳から高校生までと幅広い。そして最も重要なのは所得や家庭事情で利用の可否を問わないことにある。そのような誰でも利用できる「居場所」をつくることで、子どもや保護者からさまざまな相談が事務所スタッフやボランティアに持ち掛けられていく。その内容は、具体的にどの制度を利用するということではなく、生活困窮や子どもの成長・発達に関する相談など、利用者それぞれの「困りごと」の語りから始まる。

こうした相談に対しては、利用者とスタッフの1対1の関係ではなく1対複数のスタッフという関係づくりや、スタッフ間の連携による継続的な取り組みを通して、そこから具体的な行政の相談や支援につながっていくことがめずらしくないという。制度に対する情報不足や理解・信頼が薄いため、行政の支援を受けることに抵抗感があったり、行政の側も相談のハードルを高くしてしまっている現状にあるが、「子ども食堂」という誰もが利用できる「場」が、必要な人に制度を届ける機能を果たしていると言える。[8]

近年、セーフティネットの制度利用については、介護保険制度のように措置制度から社会保険制度に転換することによる権利性の強化、積極的に対象者のいる場所に出向いて働きかける「アウトリーチ」、生活保護制度の利用啓発などの取り組みが行われてきた。これらにより、十分対応ができていなかった貧困問題に正面から取り組むことが可能となり、多くの人の制度利用につながっている。

8 なお、西東京市では市役所の入口に「福祉丸ごと相談窓口」を設置し、さまざまな分野の相談支援を行い、相談のハードルを低くする先進的な取り組みを実施している。

しかし、依然として制度を届ける仕掛けは十分ではなく、先の事例からも、誰もが利用できる選別されない「場」づくりが重要となっている。地域・家族・職域の機能が低下している中にあっては、相談の場を「相談窓口」という「覚悟」を決めて行くところに限定するのではなく、相談窓口の前の段階でコミュニケーションが取れる機会を提供することが重要である。こうした取り組みが、社会保障制度に対する信頼を高めたり、情報やコミュニケーション格差の問題の解決につながったり、支援につながるアクセスの差を縮める可能性がある。

4 普遍的な実施体制という課題

資源やサービス提供体制の格差

セーフティネットの基盤が不揃いであることによって、制度が行き届かないという問題が生じている。この「不揃い」とは、社会保障給付やサービスを提供する人材の配置や施設設置の地域差があることを指している。

ここでは、地域によって医療提供体制に大きな格差が存在するという不揃いについて分析したい。この格差が問題なのは、療養の給付を受ける（医療を受ける）機会の格差に直結し、社会保険制度の保険料の拠出と給付という制度の根本を揺るがす課題だからである。

厚生労働省の２０２１年医療施設（動態）調査を見ると、都道府県別に見た人口10万対病院病床数（一般病床）は全国平均で７０６・０床、一番病床数が多いのが高知県で１１８７・７床、最も少ない神奈川県で５１０・８床となっており、２倍以上の格差がある。これが全病床（精神、感染症、結核、療養）も含めると格差は３倍近くまで拡大する（**図表３-５**）。

また、都道府県（従業地）別に見た人口10万人あたり医師数についても、全国平均で２５６・６人、最も多いのが徳島県の３３８・４人、最も少ないのが埼玉県の１１７・８人と、２倍弱の差となっている。さらに、都道府県内の二次医療圏間[9]でも医師数の地域間格差が存在し、北海道におい

図表3-5　人口10万対病院病床数（県別・病床別）

令和3（2021）年10月1日現在

	全病床		精神病床		感染症病床		結核病床		療養病床		一般病床	
全国	1 195.2		257.8		1.5		3.1		226.8		706.0	
多い県	高知	2 334.9	長崎	600.7	島根	4.5	高知	11.0	高知	684.8	高知	1 118.7
	鹿児島	2 032.6	鹿児島	593.4	大分	3.6	岩手	7.6	山口	577.3	大分	1 057.2
	長崎	1 979.5	宮崎	550.0	和歌山	3.5	石川	7.3	徳島	510.3	北海道	1 004.9
	徳島	1 907.7	高知	518.9	山梨	3.5	京都	7.1	佐賀	471.0	鹿児島	981.9
	熊本	1 876.9	佐賀	512.5	秋田	3.4	長崎	7.1	長崎	454.0	和歌山	948.0
⋮	⋮	⋮	⋮	⋮	⋮	⋮	⋮	⋮	⋮	⋮	⋮	⋮
少ない県	千葉	952.3	静岡	181.6	兵庫	1.0	千葉	1.5	埼玉	150.9	静岡	581.7
	東京	897.4	愛知	164.5	千葉	1.0	島根	1.5	岐阜	146.5	東京	580.5
	愛知	878.7	滋賀	160.9	愛知	0.9	愛知	1.5	京都	143.1	愛知	535.1
	埼玉	856.4	東京	152.0	大阪	0.9	宮城	1.4	神奈川	139.8	埼玉	515.1
	神奈川	800.0	神奈川	147.0	神奈川	0.8	新潟	1.4	宮城	138.8	神奈川	510.8
比（倍）（最大／最小）	2.9		4.1		5.6		7.9		4.9		2.2	

注：1）小数点第1位の数値は、小数点第2位を四捨五入して表示している。
2）数値が同率であった場合、四捨五入する前の数値を基に表示している。
3）比（倍）（最大／最小）は、四捨五入する前の数値で算出している。

出所：厚生労働省「2021年医療施設（動態）調査」

ては、上川中部医療圏（旭川市中心）の３３９・２人に対し、宗谷医療圏（稚内市中心）は８６・７人となっている（**図表３－６**）。

次に、生活困窮者自立支援事業について見てみたい。この事業の任意事業のうち、子どもの学習・生活支援事業の実施地方自治体は、２０２１年度で６割にとどまり、人口10万人未満の地方自治体で実施率が低い。また相談員の配置についても地域間格差があり、支援員と相談件数には正の相関があるとされている。生活困窮者自立支援事業の実施体制については、地方分権の観点から地域事情を踏まえての判断とされる。しかしその差は、地域に埋もれている課題の発見能力に大きな違い

図表3-6　北海道の人口10万人対医療施設従事医師数（第二次医療圏別）

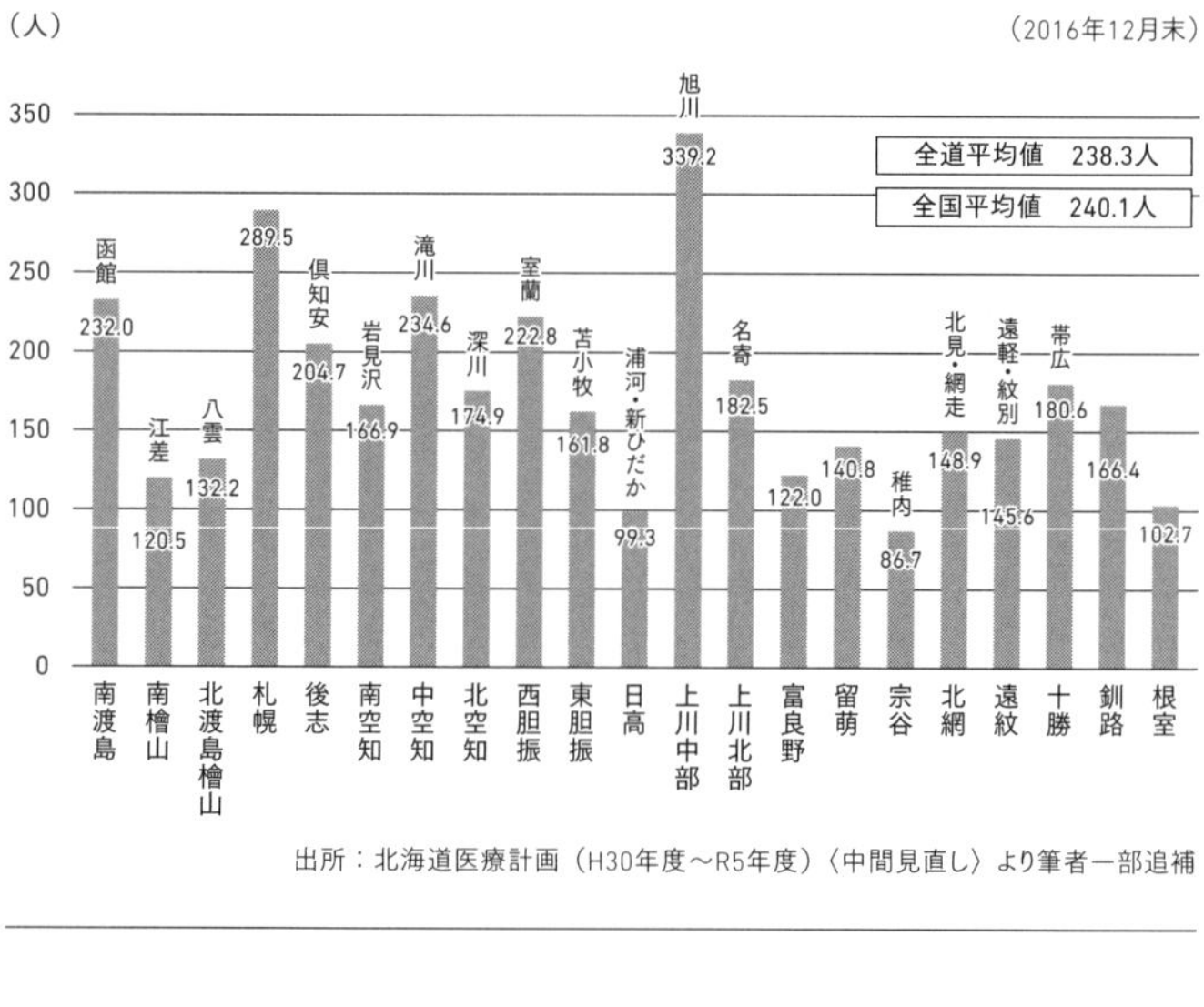

出所：北海道医療計画（H30年度～R5年度）〈中間見直し〉より筆者一部追補

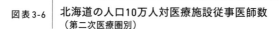

が生まれている可能性を示唆している。生活困窮者自立支援事業の実施体制の違いや任意事業の実施状況の違いによって、適切な支援ができていなかったり、支援が届いていない可能性がある。

子ども子育て支援においても地域間格差の問題がある。その代表例は、待機児童の存在や無認可施設を利用せざるを得ない子どもがいる地方自治体の存在である。子ども子育て支援制度は、子どもと保護者に対して、市町村が幼児教育・保育を必要とする「認定」（子ども子育て支援法第20条）を与える仕組みが設けられており、市町村は、「子ども及びその保護者が、確実に子ども・子育て支援給付を受け」（子ども子育て支援法第3条2）させることを責務として明確にしている。これは制度を利用できる（確認施設を利用できる）権利が発生していることを意味し、そう考えると、待機児童などの問題はその権利に関わる課題と捉えることもできる。

地域間格差をどう考えるか

医療の提供体制における大きな格差については、2010年から議論が始まった社会保障と税の一体改革の最終的な報告書となる「社会保障制度改革国民会議報告書」（2013年）におい

9　二次医療圏は一般的な保健医療を提供する区域とされ、複数の市区町村で構成されている。三次医療圏は高度医療や精神医療などを提供する区域で、北海道を除いて都道府県単位。一次医療圏は市町村単位となる。

て、「（医療）ニーズと提供体制のマッチングを図る改革を待ったなしで断行していかねばならない」と記され、都道府県が主体となって、地域医療構想（地域医療ビジョン）の策定を強く求めていた。残念ながら、この地域医療構想は、新型コロナウイルス感染拡大前の2019年まで、日本医師会などからの厚生労働省への強い意思表示により、公立・公的病院だけが病床の見直し検討をするにとどまっていたこともあり、構想そのものが事実上停滞している状況にある。

これは医療保険制度における医療提供体制のコントロールが、医療機関の「開業の自由」という建前のもとでは極めて弱いためである。そう考えると、医療保険制度の保険者が、医療提供体制にいかに関わり、医療提供側に対する働きかけを強めていくかが課題だと言える。幸いにして、地域の医療需給の将来推計や患者の受診動向などについてのデータが整理されつつあり、今後はそのデータを活用し、保険者が医療提供体制に対する関与を強めることがポイントとなる。

こうした背景のもと、協会けんぽ（全国健康保険協会）では、医療費適正化などに向けた取り組みや情報発信を行うために、保有するレセプトデータや健診データなどを活用した分析を行っている。また、各協会けんぽ支部では地域医療構想区域の調整会議に参加してデータ分析に基づく意見発信も行っている。

例えば、協会けんぽ宮城支部は、宮城県地域医療構想調整会議（大崎・栗原区域）での、病院の急性期機能を回復期機能へと転換を進める議論において、「公立病院以外で回復期機能への転換を届け出る病床は無く、慢性期病床に関する変化はない。保険者としては医療の供給が需要を生むことを危惧している」と、民間病院や診療所の機能の転換を求める発言をしている。[10] これらは医療提供体制の格差の縮小に向けた取り組みへの第一歩であり、今後は保険者が医療提供体制に関与できる仕組みが求められる。

また、生活困窮者自立支援制度の実施体制の地域間格差について見てみると、就労準備支援事業は2022年度で実施率8割程度、家計改善支援事業も8割を超える見込みとなり、状況は改善されつつある。この点については、徐々に事業の効果に対する認識が高まっていること、一部の事業については国から地方自治体への補助率の改善がなされていることによる効果とも言える。今後は、単に実施自治体の「問題意識」や「やる気」の問題で終わらせるのではなく、地域住民の生活実態を把握し、生活困窮者自立支援法の潜在的なニーズと事業の効果について、国・都道府県がデータに基づいて説明することが求められている。

ここまで、制度の普遍的な実施体制の課題に関する事例を紹介したが、地方の実情に応じたサービス提供については、社会資源や人口、所得、産業、文化に違いがある中では、各地方自治体の創意工夫が重要となる。例えば、社会保障の充実よりも優先すべき課題があると考える地方自治体もありえる一方で、子ども子育て支援を政策の大きな柱として掲げているところもある。そ

10　全国健康保険協会（2022）「第117回全国健康保険協会運営委員会資料　令和3年度事業報告書案」

のような格差は、地域の実情を踏まえた取り組みの結果としての格差と言えるだろう。

さらに医療保険制度においても、例えば地域間格差の原因が、保険者によるジェネリック医薬品の普及や健康増進の取り組みなど、保険者機能の発揮によって医療費負担が軽減される結果生じている面もあり、このような効果まで無視して、格差を是正すべきかどうかは議論があるところである。しかしながら、社会保険料負担と給付の整合性が異なる事態や、社会保険料を他の地域と同等の保険料で支払っているのに給付が十分ではない事態、あるいは給付を受ける権利があるのに受けることができないという「説明できない」地域間格差は、制度の根幹を揺るがすものであり、こうした問題の解決に向けた取り組みが求められている。

5　基盤内部の連携という課題

「制度の谷間」にどう対処するか

セーフティネットにおいては、サービスを提供する機関・組織間の連携が十分ではなく、「制度の谷間」と言われるような事態が存在することがこれまでも指摘されてきた。例えば、自動車を保有していたり、預貯金が一定程度あるために生活保護の要件に該当しないが、生活に困窮しているにもかかわらず、支援する組織間の連携が悪いために、生活困窮者自立支援につなぐこともされずに問題が深刻化していく事例などである。あるいは、障害福祉サービスでは、高次脳機能障害となっても障害程度区分に該当しないため、支援の対象となりにくく、何の支援も受けられないケースもある。さらには、本人や家族が病気や障害を抱えた母子家庭のような場合、それぞれの制度間の連携が悪く、家族全体の問題の解決につながらないといったケースも多発していた。

このように制度間の連携がうまくいかない場合、相談者が行政不信や対人不信に陥り、孤立を深めることもある。例えば、ひきこもりなどで孤立する子どもや若者をアウトリーチで支援している団体からは、「我々のところに相談に来る若者の約半数が、実は我々のところに来る前に複数の支援機関の支援を受けていると回答」「それでもなお改善できず、孤立をしてしまった」[11]という報告もなされている。

医療制度や介護保険制度、地域生活支援との連携にも問題がある。入院患者が治療を終えて地域生活に戻ろうとしても、さまざまな理由から支障をきたす例などである。例えば、2018年度の「入院医療等における実態調査」によると、療養病棟の入院継続の理由について、医学的な理由のため入院が必要である患者は45・9％にとどまっている。これに加え、退院できない理由として、家族の希望、マネジメントができないなどの理由も多く挙げられている。療養病棟は本来、生活の場ではなく治療の場であるにもかかわらず、終の棲家として利用せざるを得ない

11 谷口仁史（2020）「ひきこもり等で孤立する子ども・若者をアウトリーチで支援する」駒村康平編『社会のしんがり』新泉社

ということした実態は深刻である。これは、医療と介護・地域生活支援の連携が、地域によってはうまく機能していないことによるものと考えられる。

日本の精神医療については、以前から精神病院の長期入院が問題となっており、２０１７年のデータを見ると、精神病床に入院している約28万人のうち約17万人が1年以上の長期入院患者であり、うち約９万人は入院期間が5年以上の患者である。[12] この要因として、精神病院側に、長期入院者に対して地域生活へと移行させるインセンティブが低く、また精神障害者を受け入れる地域の側も、精神障害者への差別や居場所、住まい、就労、生活などを支援する社会資源が乏しく、かつその連携が十分ではないことが要因であると指摘されてきた。

制度・機関の連携の問題

こうした連携の課題については、生活困窮者自立支援法制定の議論過程において、税金や水道料金などの滞納情報が生活困窮者支援の部門に届かない、障害があるにもかかわらず障害者手帳を持っていない、障害者手帳保持者であるが税務部署に申告していないため住民税非課税世帯とならない、などの問題において、地方自治体などの公的部門の連携の重要性が議論されてきた。その代表例として、特に市民相談、消費生活相談、法律相談、税務相談、行政相談、生活困窮相談、労働相談、家計相談などの相談機能を集約しておせっかいを強化する滋賀県野洲市の「見守りネットワーク（おせっかいネット）」の事例は有名である。

また、地域のＮＰＯとの「連携」に向けた取り組みも重要である。島根県労働者福祉協議会「くらしサポートセンター島根」では、地方自治体、国の出先機関を含む各種相談支援機関の連携について、より総合的な支援となるような同行支援を行い、組織と組織の隙間を埋める役割を果たしている。

具体的には、「相談者は1つの問題を抱えているのではなく、家計、就労、外国籍、生活困窮、精神疾患という多様な問題を抱える中、人間不信に陥っていたり身近に相談する人がおらず、相談するにしても移動手段がない」「それぞれの相談機関の特性で、対応できる範囲に限界があるときは、範囲以外の対応は自助努力を求める傾向にある」「役所も相談者が多く、じっくり対応できない」といった状態が見られる。このことから、単に相談を受けるにとどまらず、相談機関に同行することによって、それぞれの相談機関が結果として連携できるような取り組みが進められている。

また、長期入院している精神障害者の地域生活への移行という課題については、厚生労働省が幾度か計画策定を行い、病院、地方自治体、地域の社会資源とのネットワークづくりを進めてきたが、十分な成果が見られていなかった。そこで、地域の相談機関の支援相談員や、精神病院の精神保健福祉士、病棟看護師、地方自治体の精神障害者担当者が連携して、新たな取り組みを進

12 厚生労働省（2021）「中央社会保険医療協議会（第494回）総会資料」

めている。

例えば、京都市中部障害者地域生活支援センター「なごやか」に勤務する相談支援専門員からは、地域と精神病棟の複眼的な視点での取り組みが報告されている。[13] 地域視点としては、在宅での生活の実現に向け、居宅介護事業所、訪問看護、社会福祉協議会、通院同行の支援、デイケアや生活介護、生活訓練、就労継続支援B型などの各事業所や、居住支援制度、成年後見制度、生活保護制度などとの連携の重要性が指摘されている。一方、精神病棟の視点としては、入院患者の退院へのモチベーションを向上させ、入院時から退院後の生活を想定して院内の多職種で連携し、その人の住み慣れた地域で生活できるように、各人の能力や強みを活かしながら生活・暮らしを支えるための支援を行っていく必要があるとされている。

こうした事例から言えることは、セーフティネットの制度はそれぞれの根拠法に基づく確固とした制度であるが、必要なのは個々人の状況や過去の経歴などに応じた個別かつ包括的な支援であるということがわかる。そして、基盤の運営主体が多様化する中で、それぞれの基盤の連携のために、専門職や経験のある職員がその知見を活かして、キーパーソンとして活動することが有効であるとの考え方も示されている。[14] そのキーパーソンとして、先の事例では、生活困窮者の相談員や消費生活相談員、精神障害者の地域移行に向けた相談支援専門員や精神保健福祉士、看護師などを例示した。また、地方自治体においては、セーフティネットの基盤の強化が求められる中、専門職やスキルを持った職員の役割が重要になりつつある。

6　基盤を支える人的資源という課題

人的スキルと人材の確保

前節ではキーパーソンの重要性について指摘したが、一方で、人的資源の意識・スキルが十分ではなく、相談支援のサービス提供水準に差が生じていたり、職員の処遇の問題から十分な人的資源が確保されなかったり、継続的なサービスができないという問題も顕在化している。

例えば、生活保護に関わる人材の配置に関するデータとして、「福祉事務所人員体制調査」[15]が公表されている。それによると、生活保護現業員としての経験年数が3年程度の職員が6割を占め、査察指導員であってもケースワーカーとしての業務経験が短い人が珍しくない。また、社会福祉主事任用資格者を持たない者が現業員で15％、査察指導員で8・2％という実態も明らかになっている。生活保護法では「その利用し得る資産、能力その他あらゆるものを、その最低限度の生活の維持のために活用することを要件」（生活保護法第4条）とする「他法活用」が前提で

13　藤井弘、田中稔一（2023）「京都市圏域での精神障害者地域移行促進事業の取り組みについて」『連合総研レポートDIO』1月号
14　畑本裕介（2018）「福祉行政における総合相談窓口設置」国立社会保障・人口問題研究所編『地域で担う生活支援』東京大学出版会
15　一般財団法人日本総合研究所（2018）「自治体の社会福祉行政職員の業務や役割及び組織体制等の実態に関する調査研究事業報告書」

あるため、生活保護の現業員にはセーフティネットの制度に関する包括的な知識や相談支援の技術が求められるが、人的配置やスキルが十分ではないことから、必要なサービスが提供できているのかどうかが懸念される事態となっている。また、十分な知識・経験がないことで生じる職員自身の精神的な負担感も問題となっている。

次に、人材確保の観点から、事業の継続性の問題が問われている例である。生活困窮者自立支援事業を民間団体などが実施する場合、県・市町村からの委託事業とされているが、委託事業者の決定にあたっては毎年の入札で決定される場合もあり、事業の継続性の問題が指摘されている。こうしたことから、厚生労働省の「生活困窮者自立支援及び生活保護部会」（2017年）では、事業の継続性に関する懸念が示され、「断らない支援というのは質の高い人員を配置すること」「入札が、安定的に事業を実施していけるのか不安感につながっている」「相談員の雇用問題につながる」などの指摘がなされた。

厚生労働省は、当初、事業の継続性に関する議論を本格化することは考えていなかったが、委員らの真剣な議論により、検討委員会報告書で「委託にあたっての留意点を示すべき」との文言が最終的に入ることとなった[16]。そして厚生労働省は、地方自治体あての自治体事務マニュアルにおいて、委託先の留意点として、事業の質や継続性、従事者の質的・量的確保の配慮の必要性を明記する運びとなった。

また、専門職の人材確保については、職員の処遇の劣悪さが大きな課題となっている。その背景には委託費の算定が十分ではないことがある。例えば、岐阜県の2022年度補正予算案では、生活困窮者自立支援事業委託費の就労支援員1名増員の際、委託料見込額のうち、基本給は19万3300円とされている。一方、放課後児童クラブの学童保育指導員については、自治労の2020年放課後児童クラブ実態調査によると、正規職員で年収200万円未満が全体の45・8％（他に無回答者が33・9％）、非正規職員では58・8％（無回答が27・4％）となっており、非常に厳しい状況にあることがわかる。このため、放課後児童クラブのニーズと子どもの育ちにおける保育の質向上の重要性が高まっているにもかかわらず、慢性的な人員不足が続いている。

必要な処遇改善に向けて

セーフティネットの各社会保障制度では、スキルを持つ人材の確保が大きな課題であり、そのために人員や専門職の配置基準が定められていることが多い。例えば保育については、専門職である保育士の配置基準などが子どもの発達に影響を与えることが考えられ、アメリカの国立子ども人間発達研究所によると、「保育の質が高ければ高いほど、認知発達や社会性の発達でよりよい結果を残す」という報告がされている。[17]

16 厚生労働省（2017）「生活困窮者自立支援及び生活保護部会報告書」
17 日本子ども学会編（2009）「保育の質と子どもの発達――アメリカ国立子ども人間発達研究所の長期追跡研究から」

相談のスキルについては、例えば、新潟県労福協のパーソナルサポートセンターへのヒアリングにおいても、「相談側の体制充実だけでは限界がある。一般の行政窓口は、困った人が自ら申請するという、意欲と能力がある人を対象とする枠組みになっている。しかし、障害者や障害がなくてもできない人、喧嘩してしまう人、自ら心を閉ざしてしまう人がいる。このような方々も対象にできるよう、相談という機能・概念をしっかり理解し、行政・民間団体問わず、相談業界全体の質（スキル）を高めていかないとだめではないか」との指摘もなされており、職員の専門性・スキルの向上と処遇改善について正面から議論する必要がある。加えて、これらの公的な契約の事業のもとで働く労働者の賃金・労働条件について、公的な実態調査が行われていないという問題点も強く指摘しておきたい。

なお、政府はこれまでも、保育士や福祉・介護職員の処遇改善に向けて、公定価格の加算により度重なる処遇改善を進め、徐々に改善を図ってきた。2021年度補正予算では新型インフルエンザへの対処も踏まえ、診療報酬で医療職の処遇改善に加え、介護報酬、子ども子育て支援制度の報酬、障害福祉制度の「公定価格」において、職員の処遇改善を進めている。ただし、これらの効果は未知数であり、今後の推移を注視していく必要があるだろう。

国・地方自治体の事業委託の課題

人材の確保という問題においては、基盤を担い、管理する地方自治体の取り組みにおいても変革が求められるのが、公的施設に対する指定管理者制度への対応である。まず挙げられるのが、2010年12月28日、総務省は制度の運用に関し、「留意すべき点も明らかになってきた」として新たな通知を行った。その意図について、当時の片山総務大臣は記者会見で「指定管理者制度が導入されてから今日までの自治体のこの制度の利用の状況を見てみますと、コストカットのツールとして使ってきた嫌いがあります」「コストカットを目的として、結果として官製ワーキングプアというものを随分生んでしまっている」などと述べている。[18] しかし、このような総務省の意図にもかかわらず、地方自治体の中には依然として「安上がり行政」の手段として指定管理者制度を活用しているところがある。

次に、事業委託に見られる問題である。現場では、積算が明確ではない低い委託契約や入札におけるダンピング受注、最低賃金を下回るような賃金実態、事業に対する配置要員不足による死亡事故など、多くの問題が発生している。こうした問題が質の高い公共サービスを疎外し、必要な人に制度が届かないという事態を招いている。

こうした状況で、一部の自治体では公契約条例の制定が進んでいる。その目的は、①労働者への適正な賃金の支払い、②公共サービスの質の向上、持続可能な公共サービス供給の実現及び地

18 総務省（2011）「片山総務大臣閣議後記者会見の概要」https://www.soumu.go.jp/menu_news/kaiken/02koho01_03000154.html（2023年1月6日閲覧）

域社会・経済の発展などである。[19]

導入に踏み切った地方自治体の1つである千葉県野田市では、2009年、「豊かな地域社会の実現と労働者の適正な労働条件が確保されることは、ひとつの自治体で解決できるものではなく、国が公契約に関する法律の整備の重要性を認識し、速やかに必要な措置を講ずることが不可欠」としつつ、同市は「先進的にこの問題に取り組んでいく」として公契約条例を制定している。国としても、地方自治体における公契約制度の推進や、国の入札要件や事業委託の要件に社会保険の加入、適正な給与水準の確保を明記するなど、公契約に関する仕組みの創設に向けた検討が求められる。

7　基盤のあり方まで視野に入れた制度改革を

セーフティネットの基盤を支えるために

セーフティネットとしての社会保障の各制度においてはこれまでも、社会情勢の変化による新たなニーズの把握とそれに対する制度の創設・改革などが進められてきた。特に、社会保障と税の一体改革は、団塊の世代が後期高齢者となる2025年を見据えて、消費税増税や所得税の最高税率の引き上げなど、税制改革という財源確保を前提とした制度改革が行われてきた。この改革議論が始まってから10年以上が経過し、少子高齢化や労働力人口の減少が進む中で、社会保障と税の一体改革に続く新たな議論の推進が求められているが、本格的な議論は進んでいない。

これまで見てきたように、地域・家族・職域の機能減退が進む中、セーフティネットの各制度を機能させるためには、セーフティネットを必要な人に届ける基盤の重要性が高まっている。つまり、その基盤の機能如何によって、必要な人に制度が届くかどうかが左右される場合がある。制度を創設し、変革するだけではセーフティネットは機能しない。筆者が行ったヒアリングでは、セーフティネットについて、「現在は工具箱にいろんな工具が詰め込まれていてもそれを使いこなせる人がいない。工具をむやみに増やすだけでは問題の解決にはならない。それを使いこなせる人をどうつくっていくのかが大切だ」（新潟県労福協）などの指摘も聞かれた。

本章で分析した基盤の事例は数ある取り組みの一部であり、国民年金、介護保険、子ども子育て支援、社会的養護、居住保障の各領域でも多くの課題がある。制度を必要とする人に確実に届くように、制度を届ける機能としての「基盤」のあり方も含めたセーフティネットの改革が、今求められている。

19 野口鉄平（2022）「公契約条例がめざすもの」篠田徹・上林陽治編著『格差に挑む自治体労働政策』日本評論社

参考文献

池田省三（２０１１）『介護保険論』中央法規出版
稲垣誠一（２０１６）「高齢女性の貧困化に関するシミュレーション分析」『年金と経済』35（3）
伊奈川秀和（２０２１）『社会保障の原理と政策』法律文化社
平川則男（２０２１）「新型コロナ感染症の拡大を踏まえた、地域医療構想のこれから」『徳島自治』１１５、１月号
堀勝洋（２０１０）『年金保険法——基本理論と解釈・判例』法律文化社

第4章

職場の新たな「つながり」と発言

――多様性のジレンマを乗り越える

松浦民恵

はじめに
多様性と集団的発言の「相性」

職場をより良いものにしていくために、労働者が職場の課題について発言することは重要である。[1] また、交渉力の弱い労働者が、交渉力の強い経営側と相対する場合は、労働者が不利益を被るリスクを軽減させて対等な交渉につなげるという意味で、労働者が集団として「つながり」、そこに属するメンバーの意見を集約して発言することが有益だろう。

一方、労働者の「ダイバーシティ（人材の多様性）」は、集団を個別化・分断化するリスクをはらみ、意見調整を難しくする面もある。ダイバーシティという概念はさまざまな観点から捉えられるが、外部から観察しやすい表層的な次元（年齢・性別など）と、外部から観察しにくい深層的な次元（価値観、経験など）に分類されることが多い。個別化・分断化によって生まれる少数派については、そもそも発言しない、もしくはできない、たとえ発言できたとしてもその発言が職場の意見調整の過程で埋没してしまう懸念も大きい。

また、職場をより良いものにしていく上では、働き方（就業形態・雇用区分・職種・労働条件など）も主要な論点になる。つまり、人材の多様性のみならず、働き方に関わる制度や運用の多様性が、集団の個別化・分断化の誘因となることにも留意する必要がある。例えば成果主義を導入した企業で賃金水準が多様化し、賃金が上がる人と上がらない人に分断されたことは、人事管理上の必要性や有効性の一方で、賃金に対する労働者の集団的発言を難しくした面もあったと考えられる。

1 発言の重要性については、Hirschman（1970）が衰退する組織を回復させる内生的諸力・反応メカニズムとして「退出」とともにその重要性を指摘して以来、広く支持されてきた。また、Freeman and Medoff（1984）は、労働組合の機能として「賃金を上げる独占力」と「集団的発言・制度的反応」を提示し、後者が「集団的」であるべき理由として、労使関係の多くの面が「公共財」であること、雇用主に立ち向かうリスクが集団化によって軽減されることをあげている。

本章では労働者のダイバーシティと働き方に関わる制度や運用の多様性の双方を、「多様性」として捉えるが、これらの多様性と集団的発言は前述のとおり必ずしも「相性」が良くない。だからこそ、本章ではあえて、多様性のもとで集団的発言を有効に機能させるためにはどうしたらよいかという問題について考えてみたい。

第1節では多様性のもとでの新たな「つながり」を定義した上で、インタビュー調査の概要について説明する。続く第2節ではインタビュー調査の対象とした新たな「つながり」の概要を整理する。第3節では、「つながり」の担い手がどのように生まれ育つのかについて概観する。そして最終節では、新たな「つながり」から得られた示唆をもとに、集団的発言機能の可能性について考察することとしたい。

1　新たな「つながり」の定義とインタビュー調査の概要

「つながり」の定義

これまでの職場では伝統的に、労働組合が代表的な職場集団として集団的発言機能を担い、労働組合がない無組合企業では、社員会などの主要な従業員組織が集団的発言機能を代替してきた。しかしながら、労働組合の組織率は低迷が続いており、無組合企業も増加しつつある。この背景には経済成長の鈍化などさまざまな要因があるが、前述のような多様性の進展も、主要な要因の1つとしてあげられよう。このようななかで、危機意識を持って、組合員範囲の拡大を通じた組織化の一層の進展、活動方法の大胆な変革など、挑戦的な取り組みを行う労働組合も出てきている。

また、もともとは欧米で差別禁止やダイバーシティの推進のために発展してきたERG（Employee Resource Group：従業員リソースグループ）が日系企業でも創設されるなど、人材の多様性の進展に伴って出てきた職場の課題解決のために、集団的発言機能を担う新しいタイプの職場集団（例えば女性、若手、LGBTQ、障害を持つ社員にとっての、より良い職場づくりを目指す社員グループなど）形成の萌芽も見られる。

本章では、職場をより良いものにしていくために発言する「職場集団（労働組合・労働組合以外の双方を含む）の創生もしくは再生」を「つながり」と捉え、「集団の対象」と「集団的発言の方法」のいずれか、もしくは双方に新規性が見られる職場集団を、多様性のもとでの新たな「つながり」の事例として取り上げる。

インタビュー調査の概要

インタビュー調査は、新たな「つながり」において、どのような創生・再生が行われているのか、中核的な担い手がどのように生まれ育っているのかを明らかにすることを目的として実施した。調査を通じて、新たな「つながり」がどのような集団的発言機能を担っているのか、あるいは今後担っていけるのかについても考察を深める。

図表4-1　インタビュー調査の実施概要

	対象		対象者属性	調査日時	調査方法	備考
労働組合の再生	A労働組合	a氏	代表（執行委員長）	2022年7月15日（1時間半）	オンライン	
		b氏	仲介・関係者（再生の経緯を知る元専従）	2022年7月12日（1時間半）	オンライン	
	B労働組合	c氏	代表（執行委員長、かつての組織化の経緯を知る元書記長）	2022年7月29日（2時間）	対面	産別労組の担当者も同席
労働組合以外の職場集団の創生	Wor-Q	d氏	連合総合組織局長（創生の経緯を知る元担当局長）	2022年8月23日（1時間半）	対面	
	C社ERG	e氏	代表（2020年調査当時）	2020年4月8日（1時間半） 2022年10月8日（1時間）	オンライン	2020年に実施した調査の補足として、2022年に追加調査を実施
		f氏	仲介・関係者（創生時の人事部門のERG支援担当）	2020年4月6日（1時間15分） 2022年10月21日（45分）	オンライン	

出所：筆者作成

調査協力を得られた4つの新たな「つながり」の事例に対する、インタビュー調査の実施概要は**図表4－1**のとおりである。事例は大きく「労働組合の再生」[2]（A労働組合とB労働組合）、「労働組合以外の職場集団の創生」（Wor-Q[3]とC社ERG）に分類される。インタビュー調査の対象者は、職場集団の代表や職場集団創生・再生の仲介・関係者である。

調査は2022年7～10月にかけて、半構造化面接法により所定の面接手順に則って実施した。ただし、C社ERGについては、筆者が別のテーマで2020年にもインタビュー調査を実施した経緯[4]があり、その際の調査結果も今回の分析に含めている。調査方法については先方と相談の上、対面もしくはオンラインを選択した。インタビュー調査の実施は、A労働組合、B労働組合、Wor-Qを連合総研の研究メンバーと筆者が、C社ERGを筆者が担当した。

2　「再生」は部分的な再生（時代の変化に合わなくなってきた部分の再生など）を含む広義の意味で使用している。

3　Wor-Qは連合が運営するサイトであるが、サイトで登録する連合ネットワーク会員は、労働組合とは異なるタイプの緩やかな職場集団であることから、「労働組合以外の職場集団の創生」に分類している。

4　詳細については、松浦（2021）を参照されたい。

2　職場における新たな「つながり」

新たな「つながり」の概要

図表4－2に、インタビュー調査対象の各職場集団の構成員、創生・再生の概要、主な活動内容、活動の位置付けをまとめた。

A労働組合は1960年代前半に結成されたが、2000年代に入った頃から担い手である専従の確保が難航し、2010年代初頭には組合解散の危機に陥った。その後、労使で話し合いを重ね、組合の再生に向けて、オープン・ショップ制（社員が組合加入有無を選択）からユニオン・ショップ制（社員は原則として組合加入）への転換、専従の確保・育成機能の強化、組合活動に関する戦略的広報活動の展開、科学的な調査や専門的な知見に基づく提案体制の整備など、大規模な改革が行われた。

会社に先駆けて実施したエンゲージメント調査では、会社には直接言いにくい労働者の生の声を吸い上げ、結果を所属ごとに開示することによって職場環境の具体的な改善につなげた。こうした実績が、エンゲージメント調査に対する組合員の回答率を大幅に上昇させた。

また、エンゲージメント調査の結果から、キャリア支援が組合員のエンゲージメント向上に効果的だということが示唆されたことから、組合独自の取り組みとして、専従（労働組合の活動に専念することが認められている組合専従者）がキャリアコンサルタントの資格を取得して組合員のキャリア相談に対応している。このようにA労働組合は、集団的発言の方法を創意工夫しながら改革し、組合活動への関心を幅広い労働者層に広げている極めて挑戦的な事例だといえよう。

B労働組合は、非正社員の組織化を精力的に推進している事例である。2003年に店舗運営部の社会保険加入者まで、2006年には工場の社会保険加入者までの組合加入を実現した。その後、2019年には障害を持つ社会保険加入者まで、2021年には臨時社員（再雇用者や一部のアルバイトは除く）までを組織化した。2021年の組織化によって、大学生のアルバイトも含め、大部分の非正社員の組織化が実現した。

もちろん、このような組織化は、さまざまな立場の社員の理解を得るために多くの準備や説明・調整を要する取り組みであり、2021年の組織化も、準備物の作成、組合員や対象者に対する説明や話し合い、組織化に関する会社との共同宣言の交渉・調印、関係部署との契約書やマニュアルの変更協議を経て、加入届に対象者全員から承諾サインを得るまで、約半年の月日を要している。

全員を組合員に、というのはB労働組合結成時からの悲願であり、それを継承したその後の担い手たちによる粘り強い取り組みが結実した成果だといえよう。また、1万人以上の組合員からランダムに意見を吸い上げるために設けられているフリーダイヤルの相談窓口については、メールでの問い合わせを可能にし、積極的に広報活動を展開したことで、近年相談件数が大幅に増加

Wor-Q	C社ERG
Wor-Qサイト月間閲覧12,000（2022年4月） 連合ネットワーク会員数548名 Wor-Q共済加入数68名（2022年8月24日時点）	一般メンバー（コア以外）約450名 コアメンバー25名（うち2名がリーダー）
2020年 - 中央執行委員会で「曖昧な雇用」に対する連合の取り組み決定 - Wor-Qサイトオープン - 連合ネットワーク会員（会費無料）登録スタート 2021年 - Wor-Qサポートセンター設置 - Wor-Q共済スタート 2022年：「みんなでつながる！　フリーランス月間」実施	2015-17年：女性社員のネットワーク（人事部主導）スタート 2018年：ERG（人事による公認）としての活動スタート 【公認要件】 - 活動が社員と会社双方の成長に貢献する - メンバーが20人以上 - 組織体としての体制整備 - 企業グループ内の複数法人から参加
Wor-Qサイト運営（意見募集、情報・サービス提供、Wor-Qコミュニティーなど） Wor-Q共済 フリーランス月間：2022年4月（プレイベント、無料電話相談、契約課題を考えるオープンイノベーション企画など）	コアメンバーの定例ミーティング：年12回 小規模イベント：年24回程度 大規模イベント：年4回程度 企業グループ全体の社員参加型イベント月間への参加：年1回
連合としての活動	勤務時間外の自主活動

出所：インタビュー調査結果をもとに筆者作成

図表4-2　新たな「つながり」の概要

	A労働組合	B労働組合
構成員	組合員約4,000名 支部・執行委員（代議員を兼務）約140名 中央執行委員25名程度（うち5名が専従）（2022年6月末時点）	組合員10,426名 支部長145名 中央執行委員20名（うち5名が専従） （2022年6月末時点）
創生・再生の概要	1960年代：組合結成 2010年代前半 - 組合解散検討 - エンゲージメントサーベイのスタート 2010年代後半 - 組合再スタート - ユニオン・ショップ制へ転換 - エンゲージメントサーベイの積極開示、専従によるキャリア相談スタート	1994年：組合結成 2002年：従業員意識調査スタート 2003年：組織拡大（店舗運営部の社会保険加入者まで） 2006年：組織拡大（工場の社会保険加入者まで） 2019年：組織拡大（障害を持つ社会保険加入者まで） 2021年：組織拡大（再雇用者・高校生以外の臨時社員まで）
主な活動内容	対人事：年3-4回程度（多い年度は10回程度） 対経営幹部：年20回程度 対組合員：年100回以上 中央執行委員会議：年24回 全員会議：年1回	労使協議会（専従と本部長）：年12回 委員長と社長：年12回 中央執行委員と人事：年24回（人事制度12回、安全衛生12回） 中央執行委員会：年11回 支部長会議：年11回
活動の位置付け	労働組合活動（勤務時間外。専従は勤務なし）	労働組合活動（勤務時間外。専従は勤務なし）

している。

Ｗｏｒ-Ｑは、「曖昧な雇用」やフリーランスとして働く人々と連合が緩やかにつながることを目指して立ち上げられた「フリーランス課題解決サイト」である。２０２０年の連合の中央執行委員会[5]での決議を経て、同年のサイトのオープンとともに、連合ネットワーク会員の登録が開始された。２０２１年には連合ネットワーク会員が加入できるＷｏｒ-Ｑ共済もスタートした。２０２２年に開催された「みんなでつながる！ フリーランス月間」では、無料電話相談やフリーランスによる発信が行われ、「フリーランスの〝契約課題〟を考えるオープンイノベーション」として、フリーランス・発注側・雇用労働者などが議論する場が4回にわたって設けられた。

２０２２年8月時点の連合ネットワーク会員は５４８名であり、２０２２年4月のサイト閲覧数は1万２０００となっている。Ｗｏｒ-Ｑは、これまで労働組合が組織化の対象としてきた雇用労働者という枠組みを超えて、フリーランスを労働組合よりも緩やかな形でネットワーク化しようとしている。また、労働組合の全国中央組織であるナショナルセンターが、産別労組や企業別組合を介さず、サイトを通じた情報提供等により、フリーランスの個別の課題解決を直接支援しているという点も注目される。まだ始まったばかりの事例であるが、多様性のもとでの集団的発言機能について考える上で示唆に富んだ事例である。

Ｃ社は、企業がＥＲＧを公認している日本では数少ない事例である。Ｃ社では、２０１８年以来ＥＲＧの公認が行われており、２０２２年11月現在、10個のＥＲＧが活動している。本章で取り上げるのは、このうち「女性社員が自信を持って一歩踏み出せるよう背中を押し、活躍の機会を広げること」をミッションとして、２０１８年に設立されたＥＲＧである。人事部が主催していた女性社員ネットワークが活動の前身となっているが、ＥＲＧはメンバー主導の活動であり、人事部は黒子としての支援に徹していることから、両者の集団としての性格は全く異なる。

ＥＲＧとは、もともとは１９６０年代に、米国企業の職場における人種差別への抵抗を目的として組成されたといわれる、従業員による自発的なグループである。ＥＲＧでは、従来はダイバーシティ＆インクルージョン（Ｄ＆Ｉ）の達成が主たる目的とされてきたが、労働者の能力開発、組織改革などにまで活動の目的が広がってきている。[6]

ＥＲＧは、あくまでも課題を起点とした、共通の課題意識を持つメンバーによる職場集団という特徴を持つ。こうした自発的な集団であるがゆえに、雇用形態や役職による加入制限を設ける必要はない。発言のスタイルも柔軟であり、フラットな関係性のもとでの自由な意見交換が持

5 中央執行委員会（２０２０年5月21日）では「曖昧な雇用」で働く就業者を「まもる・つなぐ・創り出す」ための法整備と運動の強化が決議された。「緩やかにつながる「Ｗｏｒ－Ｑ」と「連合ネットワーク会員」の新設は、「新たな仕組みで『つなぐ』」取り組みであり、この他にも「労働法制で『まもる』」（労働者概念の拡張も含めて法的保護の実現）、「新たな仲間と『創り出す』」（集団的な労使関係に基づく組織化に向けた関係構築）ための運動が展開されている。

6 Welbourne, Rolf & Schlachter (2015) より。

ち味となっている。経営側との協議・交渉は活動の必須要件となっておらず、課題を提起し、共有するためのイベントの企画・実施が活動の中心である。

C社ERGでも、ダイバーシティ&インクルージョンの推進を目的とした社員参加型イベント月間（2022年度）において、メンバーがゼロから企画した座談会（メンバーと専門家による）が開催され、企業グループの多くの社員の参加が得られた。当日は「ERGに参加したきっかけ、参加して自分自身が変わったこと、参加して組織を変えたこと・変えたいと思っていること」について活発な議論がなされた。C社ERGでは、こうしたイベントの企画・開催によるメンバーの成長や、イベント参加を契機とした経営側も含む志を同じくする社員の拡大を通じて、課題解決や組織変革の実現が目指されている。

「つながり」の新規性はどこにあるか

新たな「つながり」として取り上げた4つの職場集団の事例について、それぞれの特徴を踏まえ、どの部分に新規性があるのかを改めて整理しておきたい。**図表4-3**は、「集団の対象」と「集団的発言の方法」のそれぞれに関する新規性の観点から、4つの事例を分類したものである。

まず、A労働組合は前述のとおり、組合解散の危機から再生を果たした事例である。「集団の対象」という面では正社員組合であり、再生の過程でオープン・ショップ制からユニオン・ショップ制に転換した経緯はあるものの、B労働組合のように組合員範囲が拡大されているわけではない。このため、「集団の対象」については「新規性なし」とした。一方、従来の労働組合のイメージを刷新する戦略的広報活動の展開、科学的な調査や専門的な知見に基づく提案体制の整備、さらには専従によるキャリア相談など、ユニークな取り組みが行われていることから、「集団的発言の方法」については「新規性あり」とした。

次に、B労働組合は非正社員の組織化を精力的に進めている事例であることから、「集団の対象」を「新規性あり」とした。一方で、「集団的発言の方法」については、会社側との対話の一層の促進や、組合員からの相談窓口の活性化などの取り組みは行われているものの、新規性というまでには至ら

図表4-3　「集団の対象」と「集団的発言の方法」の2軸による事例分類

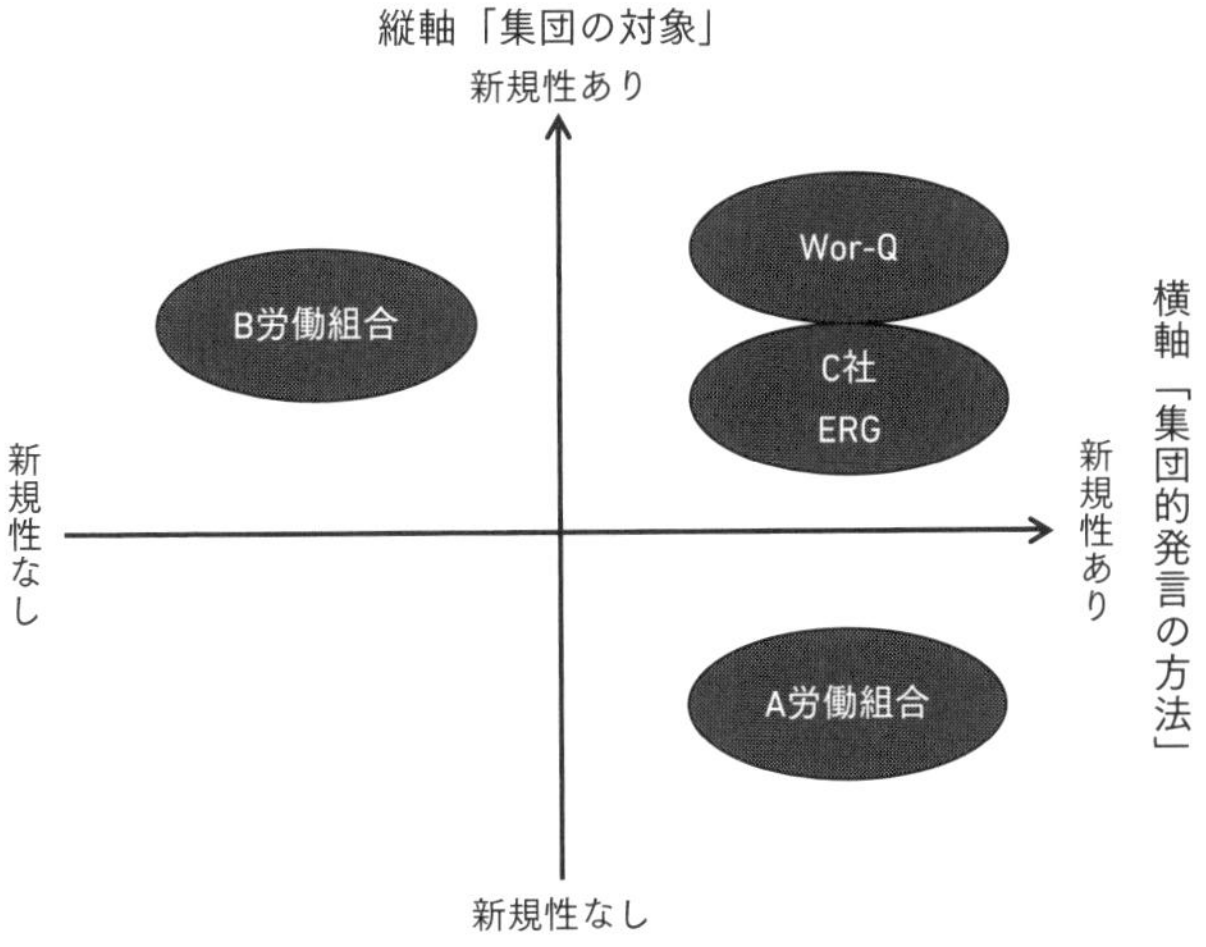

出所：インタビュー調査結果をもとに筆者作成

ないと判断し、「新規性なし」としている。

Ｗｏｒ－Ｑは、フリーランスという、これまで労働組合が直接対象としてこなかった働き方に対して、組合員としてではなく、サイトを通じた連合ネットワーク会員としての緩やかな「つながり」を構築しようとしている。また、産別労組や企業別組合を介さず、ナショナルセンターがフリーランスの個別の課題解決を直接支援する点も新しい。Ｃ社ＥＲＧについては、「集団の対象」は課題意識を共有する社員であれば原則として自由に加入でき、「集団的発言の方法」は経営側との協議・交渉を前提とせず、ＥＲＧが企画・開催するイベントなどによる発信・啓発活動が中心となる。これらの特徴を踏まえて、Ｗｏｒ－ＱとＣ社ＥＲＧについては、「集団の対象」と「集団的発言の方法」のいずれも「新規性あり」としている。

3 「つながり」の担い手はどのように生まれ育つのか

「つながり」は職場集団の担い手によって成立する。職場における新たな「つながり」の可能性について考える上で、担い手がどのように生まれ育つのかは非常に重要な論点となる。

そこでまず、担い手が新たな「つながり」に関わった経緯や、活動から何を得て、活動にどのような意味や価値を見出しているかを概観する（**図表４－４**）。その上で、担い手の確保・育成策についても考えてみたい。

具体的には、A労働組合のa氏とb氏、B労働組合のc氏、Wor-Qのd氏、C社ERGのe氏とf氏を分析対象とする。(1)では、担い手たちがどのような経緯で活動に関与するに至ったのかを、活動までの主なキャリアと職場集団との関わり、活動開始の理由やきっかけをもとに概観し、(2)では、活動から得られたもの、すなわち担い手たちが見出した「つながり」の意味や価値を抽出し、(3)では、次の担い手を確保・育成するための示唆を整理する。

(1)「つながり」に手繰り寄せられた担い手たちの「物語」

担い手が新たな「つながり」に関わり始めたきっかけは、労働組合[7]については先輩や同期からの声がけ、ERGについては社内ネットワーク立ち上げや配置転換に関する社内公募への応募となっている。ただ、この点についてはERGが立ち上げられたばかりの職場集団だったということも影響している可能性が高い。実際ERGでも、その後の担い手についてはメンバーの声がけによって活動に参加した例もある。

活動のスタート時点では、担い手の活動に対する思いの具体性に濃淡があるものの、新たな「つながり」に手繰り寄せられた「物語」が担い手それぞれに存在している。最初は「つながり」

7　Wor-Qのインタビュー調査対象者d氏は、企業別組合から労働組合活動をスタートしている。

Wor-Q	C社ERG	
d氏	e氏	f氏
1986年：入社	1991年：入社（一般職） 2013年：総合職へ転換 2016年：課長 2021年：次長	1999年：入社（一般職） 2016年：公募で人事（女性活躍推進・両立支援）に異動、総合職へ転換
1986年：入社と同時に組合加入 1989年：企業別組合の支部活動スタート（書記長→支部長） 1995年：企業別組合の専従（担当→書記長→委員長） 2017年：連合へ	2015-17年：女性社員のネットワーク（人事部主導）に参加 2018-19年：ERGコアメンバー 2019-20年：ERG共同代表2名のうちの1名 2020年〜調査時点：ERGコアメンバー	2016年：女性社員のネットワーク（人事部主導）支援 2018年：ERG（人事による公認）の創設支援
専従（先輩）からの勧誘 組合員からの感謝 周囲からの期待	女性社員のネットワーク（人事部主導）への応募 能力があっても一歩踏み出すことに躊躇している女性社員の後輩たちの背中を押したいという思い	人事が出していたダイバーシティ&インクルージョン・ステートメントへの共鳴 ジョブ公募制度による人事への応募・異動
活動に対する使命感と実績 専従という職業への誇り	自身を含むメンバーの成長と組織改革の実感 多様なメンバーとの交流を通じた視野・ネットワークの拡大	ERGのプレゼンスの向上 定年退職後も生涯取り組みたい人生のテーマとの出合い

出所：インタビュー調査結果をもとに筆者作成

図表4-4 担い手のキャリアと職場集団での活動

	A労働組合		B労働組合
	a氏	b氏	c氏
活動までの主なキャリア	2007年：入社 2012-17年：海外駐在	2000年代：入社	1995年：入社 2002年：エリアマネジャー 2009年：課長 2015-20年：海外駐在 2020年：部門長
職場集団との関わり	2007年：入社と同時に組合加入 2017年：支部活動スタート 2018年：支部長 2019年：専従 2020年：書記長 2021年～調査時点：執行委員長	入社と同時に組合加入 2010年代前半：支部活動スタート・中央執行委員 2010年代後半：専従	1995年：入社と同時に組合加入 2005-07年：書記長 2020年～調査時点：執行委員長
活動開始の理由やきっかけ	当時の委員長（同期）の勧誘 国内人脈の形成 仕事に対するモチベーション低下や不安 活動への共鳴	先輩の勧誘 会社に対して「社員目線」での提案をしたいという思い	2004年当時の委員長の勧誘 同じ社員なのに組合員でないケースがあることへの違和感
活動から得られたもの	組織を変えられるという実績と実感 経営陣との対話や意思決定の調整を通じた目線の上昇・拡大	組織を変えられるという実績と実感 経営陣との対話や意思決定の調整を通じた目線の上昇・拡大	組織拡大に対する使命感と実績 現場に根ざした、部分最適でなく全体最適としての提案経験

に具体的な意味や価値を意識していなかった担い手も、結果として、活動を進めるなかで意味や価値を見出し、一種の使命感のもとで「つながり」の中心的な役割を果たすようになっていく。

「僕の場合は、魚を釣りたいから海に行ったのではなく、海を見たら魚を釣っている人がいて、面白そうだからそっちに行ってみようかなと思いました。ただ、潜在的に釣りってきっと面白いだろうなって思っていた部分はあるのではないかと思います。やってみたら面白かったので、それを繰り返しているうちに気が付いたらど真ん中にいたっていう感じです」（A労働組合a氏）

「『会社の経営方針に提言したい』という思いが強くなっていました。執行委員のときも人事部門に疑問を投げかけていましたが、専従になれば経営陣と直接議論できるということが、専従になった動機の1つです」（A労働組合b氏）

「社員が集会やレクをわいわいやっていて、『社保加入の人しか入れないですよ』とか言っちゃうところを見たときに、おかしいなって、違和感は持っていたところですよね。同じ会社なのに。組合に入って、最初に『全員組合員に』という檄文を見たときに、やんなきゃいけないっていう使命感が生まれたっていうのですかね」（B労働組合c氏）

「先輩の声がけで専従になったのは28歳でしたが、そのときは悩みました。先輩が『何になりたいんだ』って言うから、『店長になりたい』と。『店長は400人（当時の店舗のおおよその数）できるけど、専従は39人しかできないんだ』と。もともと組合員のイベントをやっていて、みんなにありがとう、楽しかったと言っていただけるのに感激していたので、そういう道もいいかなと。その後、阪神淡路大震災をきっかけに、会社の合理化が急速に進められるなかで専従を降りるタイミングを失い、あれよあれよという間に、あとは委員長の道しかなかった」（Wor-Qd氏）

「能力があっても一歩踏み出すことに躊躇している後輩たちの背中を押せないか、自分にできることがないかという思いから、ERGの前身である女性社員ネットワークの公募に応募して参加しました。その流れを汲んだメンバー主導で活動するERGにも参加することにしました。自分自身、特定職（いわゆる一般職）で入社したときは長く勤めることを想定していなかったのですが、その後仕事の面白さを知っていくなかで、より仕事の領域を拡げたいとの思いから基幹職（いわゆる総合職）への転換に挑戦して見える景色が変わり、やりたいことを実現できるようになってきたことが、後輩たちの背中を押したいという思いの背景にあるように思います」（C社ERGe氏）

「会社のダイバーシティ推進担当部署が発信した『ダイバーシティ&インクルージョン・ステートメント』の『すべての人材が活躍できるような組織をつくっていく』という言葉に感銘を受けて。それまでダイバーシティ推進は女性活躍推進や両立支援だと思っていたんですが、『そういう人たちを支えている社員にも目を向けます』って書いてあったんです。それでその部署に行きたいと思って、ダメ元で公募を受けたら引っ張ってもらえて、そこでERG支援の担当になりました」（C社ERGf氏）

(2) 担い手にとっての「つながり」の意味と価値

担い手は「つながり」から何を得て、「つながり」にどのような意味や価値を見出しているのだろうか。職場集団における活動で実績をあげ、活動が職場を変え得ると実感できている点は、すべての調査対象者に共通している。こうした実感が、活動に対する使命感ややりがいへと密接につながっている様子も見てとれる。

「あと10年、20年、会社が良い方向に変われることが何かあるのだったら、それは僕らがすべきだと思っていて。労働組合活動に関わる前はそんなことできるわけないと思っていたのですが、意外とできることがあると思えることが、自分のなかでの大きな変化ですし、そういう思いをなるべく多くの人に知ってほしいと思っています」（A労働組合a氏）

「ＥＲＧを単なる仲良しクラブにしちゃいけなくて、女性の背中を押すっていうＥＲＧのミッションをみんなに伝えていくための活動を大切にしたいんです。結果、ＥＲＧのメンバーやイベントへの参加者が、自分たちの組織でミッションを伝えたり実践したり、周囲からアドバイスを求められたりするなかで、みんなが活動の意義を再認識してくれる。私はこれこそが、組織の変革のうねりになり得るＥＲＧ活動の醍醐味だと思っています」（Ｃ社ＥＲＧｅ氏）

また、担い手は、仕事ではできなかった経験を、職場集団における活動で積むことができている。例えば労働組合の専従としての経営陣との対話は、会社全体を見渡す高い視座から、全体の最適着地点について議論するものである。また、ＥＲＧというフラットな職場集団における多様なメンバーとの意見交換も、担い手の視野の広がりにつながっている。こうした経験や能力は、職場集団での活動のみならず、ゆくゆくは仕事でも役に立つに違いない。

「会社側にいると自分の範囲が決まっていますから。例えば担当エリアについて改善提案をしたとしても、それは全体最適でなく部分最適だろうって言われたら、もう何も言えない。組合だと、例えば全国で意識調査をやることによって、全体としてこうですと堂々と言えるところもあります。そういう意味で、組合は会社全体を変えていく力があるなっていうのは、すごく

感じます」（B労働組合c氏）

「ERGのメンバーは先輩だろうが新人だろうが、みんな自分の意見を持っていて、仕事の立場にかかわらず、呼び方も「さん」付けで対等に意見を言い合うんですね。そういう風にやってると、これまで自分が正しいと思っていたことが必ずしも正しいわけじゃないな、みたいなことに気づかされて鍛えられます。みんなが自分の思いをぶつけ合うから、時間はかかりますけど、ブラッシュアップしながら最後はやっぱりまとまるんです。みんなが持っている思い、いいものを作りたい気持ちは一緒だから」（C社ERGe氏）

さらに、「つながり」に、自身の人生のテーマとしての意味や価値を見出している担い手もいる。担い手は「つながり」のなかで中心的な役割を担い、「つながり」に貢献してきたわけだが、「つながり」での活動も担い手に対して大きな影響を及ぼし、担い手の人生のなかで大きな位置を占めるに至っている。

「本当に僕、労働組合が好きなんです。労働組合の専従を、日本で働きたい職業ランキングのトップ10に入れたいなって、本気で思っているんですよ。フリーランスという働き方も多種多様で、雇用労働者に近い働き方をされている方もいらっしゃるなかで、今のままでいいわけないと思うんです。セーフティネットの必要性や労働者概念の見直しなど、Wor-Qの取り組みがそういうことを実現できるきっかけになれば、私も労働組合の専従という職業人生のなかで、将来の運動に何か残すことができるかなみたいな感じですね」（Wor-Q d氏）

「人生100年、60歳まで働いたとして、残り40年、夢中になれることとか、熱中できることをどれだけ作れるかが重要だと思ってるんです。仕事以外に自分の人生を広げたり、充実させたりするものって、絶対にないといけない。ERG支援で関わったテーマのいくつかは、自分としては一生のテーマになったので、他の人にとってもERGがそういうものになってくれると嬉しいなと思います」（C社ERG f氏）

(3) 次の担い手をつくるために

「つながり」は一代の担い手で完結するわけではない。次の担い手に「つながり」のバトンをつなぐために、担い手の確保・育成はどの職場集団においても重要である。

A労働組合のb氏には、自身の次の専従のリクルートに失敗した経験がある。この経験から、自分たち自身が専従になりたいと思えるような体制を整備できなければ、次の専従のリクルートは難しいと痛感した。そのような体制を整備するために、専従の「働き方」改革やイメージ刷新に加え、専従に対する支援制度の充実も図った。

専従の「働き方」改革については、b氏自身が組合活動で休日がつぶれることは苦痛だったし、会議資料の印刷などの業務を負担に思っていたことから、会議日程の変更（休日から平日の昼休み・就業時間後へ）、会議資料のペーパーレス化を行った。また、専従のイメージ刷新に向けて、組合に対する旧来の固定的なイメージを払拭し、専従になることのキャリア形成上の位置付け（組合活動において会社と具体的な交渉が可能になること、組合活動の経験の将来的なキャリアへの活かされ方など）を伝えるための広報活動を積極的に展開した。さらに、専従のために、専門資格取得の支援を含む研修プログラムを導入した。研修プログラムの充実は、専従になろうとするインセンティブになるとともに、専従の調整・提案能力の向上にもつながると考えられる。

また、A労働組合は、専従の候補者の母集団を、中央執行委員（約25名）から支部の執行委員（代議員も兼務、約140名）まで拡大させた。従来、支部の執行委員の権限は限られており、イベントなどの運営が活動の中心であったが、組合の方針決定に一定の権限を持つ代議員と兼務とすることによって、支部の執行委員も、組合の方針決定に関する情報を直接共有し、それについて議論することができるようになった。候補者の母集団の拡大は一種の「サクセッションプラン（後継者育成計画）」であり、母集団が増えることで、次の専従にふさわしい人材を安定的に確保しやすくなる。

B労働組合は、専従の育成のために、産別労組の研修機関を有効活用している。B労働組合のc氏も、書記長に就任した後の約2カ月間、当時の委員長の計らいで何度かその研修機関に派遣され、組合活動のイロハを学んだ。この研修機関は、産別労組が運営する歴史あるもので、労働運動論や労働法といった専門的知識から傾聴・プレゼン・広報といった実践的スキルまで、幅広い研修メニューが用意されている。また、c氏が執行委員長になってから、中央執行委員と人事の担当者との意見交換機会を増やし、課題意識や情報の共有を図ったことは、中央執行委員の育成効果にもつながっている。

C社ERGも担い手の確保・育成の重要性を認識し、課題意識も持っている。C社ERGでは、代表をあえて2名体制にすることで、代表の負担感を軽減し、代表を引き受けることに対するハードルを下げている。ERGの活動は基本的に勤務時間外に行われるため、本業の仕事が多忙になると活動の負担感が増大するが、2名体制とすることで、どちらかが忙しいときにどちらかがフォローできるようになる。

2名体制には、双方の持ち味・多様性を活かせるという利点もあり、双方の気づきや学びにつながる面もある。代表の任期は2年であり、2年の間に次の代表候補を見つけ、引き継いでいくという体制が取られている。また、たとえばゼロからの企画やリーダーとしてのとりまとめなど、本業の仕事ではできなかった経験をERG活動で積むことができ、その経験が本業でのキャリア形成にもプラスになることも、ERGの担い手となる魅力の1つとなっている。

Wor-Qは連合のなかの1つの局（総合組織局の中小・地域支援局）が、サイト開設・運営を担当したが、開設・運営の担い手として、外部の専門人材も参画したことが注目される。この外部の専門人材は連合の他のメンバーの知人たちであり、サイトのオープンという、これまで経験したことがない取り組みを遂行する上で、このような外部の専門人材の知識やスキルは大きな力となった。

A労働組合でも、エンゲージメントの調査設計や分析において、外部の専門家のアドバイスが取り入れられている。新たな「つながり」を形成する上では活動の担い手をいかに確保・育成するかという点が重要な課題となるが、その際には内部育成だけではなく、外部の専門人材の活用も有効な選択肢の1つになると考えられよう。

4 集団的発言機能の現状と今後の可能性

最後に、職場集団の集団的発言機能の現状と課題を整理した上で、これまで見てきた新たな「つながり」の事例から得られた示唆を参考にしながら、集団的発言機能の今後の可能性について考えてみたい。

集団的発言の3つの機能

より良い職場づくりに向けた集団的発言機能は、大きくは「集団化機能」「発言・吸い上げ機能」「調整・提案機能」の3つの機能に分類できると考えられる。「集団化機能」にはメンバーの募集・加入や集団の中核的な担い手の確保・育成などが含まれよう。「発言・吸い上げ機能」は、より良い職場づくりのためにメンバーが発言する、あるいは集団がメンバーからの発言を吸い上げることを指し、発言のテーマは、職場の現状や課題、経営側からの提案など幅広い内容に及ぶことが想定される。「調整・提案機能」は、メンバー間もしくは関係者との間で意見を擦り合わせ、課題解決に向けた具体的な提案を行うことを指す。集団側から提案することもあれば、経営側の提案などに賛成・反対する、あるいは修正を要望する場合もあろう。

なお、「集団化機能」と「発言・吸い上げ機能」は、いずれも「調整・提案機能」の前提として位置付けられるが、集団化と発言はどちらが先というわけではなく、順番が前後することも想定される。

代表的・伝統的な職場集団である労働組合は、これら3つの集団的発言機能をフルパッケージで担い、経営側の「カウンターパート」としての役割を果たしてきたといえよう。「集団化機能」の発揮には労働組合のユニオン・ショップ制や組合費のチェックオフの普及も大きく貢献してきた。また、支部委員・中央執行委員・専従といった企業別組合における階層的な組織体系や、[8]職場集会や組合主催のイベントなど多様なコミュニケーション機会が、実効的な「発言・吸い上げ

8　階層的な組織体系という意味では、産別労組やナショナルセンターが、企業別組合のさらに上部に位置付けられる。

機能」の発揮につながってきた面も大きい。さらに、「調整・提案機能」においては、内容によって経営側と協調したり対立したりしながら、組合員の理解を得られるような最適な着地点が模索されてきた。

一方、本章の冒頭で述べたような多様性、すなわち労働者のダイバーシティと働き方に関わる制度や運用の多様性などを背景として、これら3つの集団的発言機能の発揮にひずみが出てきているのも事実である。

「集団化機能」について、労働組合の推定組織率は、1949年の55・8%をピークにその後減少傾向が続いており、2022年には16・5%まで低下している。パートタイム労働者の推定組織率は2022年時点でも8・5%にとどまっており、非正社員の組織化の重要性が指摘される一方で、多くの労働組合は依然として正社員組合という状況が見てとれる。

また、厚生労働省の「労使コミュニケーション調査」（労働者調査、2019年）で労働組合が「是非必要である」とする割合は正社員で29・0%（「どちらかといえば必要である」まで含めると55・7%）と、正社員のなかでも労働組合への関心は必ずしも高くない。こうした現状のもと、一般組合員としての「集団化」のみならず、組合を支える中核的な担い手の確保・育成も難しくなってきている。

同じ調査で「発言・吸い上げ機能」に関連する調査結果を見ると、過去3年間に自分自身の処遇などについて、「不平や不満を伝えたことがある」は11・7%となっており、そのうち伝達方法（複数回答）については77・8％が「直接上司へ」であり、「労働組合へ」は13・6％にとどまっている。

「集団化機能」や「発言・吸い上げ機能」のひずみは、必然的に「調整・提案機能」の低下にもつながっていく。

集団的発言機能の「補強」

新たな「つながり」として取り上げた労働組合の事例では、労働組合の集団的発言機能のひずみを補強する取り組みが展開されていた。

「集団化機能」を補強する取り組みとして、例えばB労働組合は、長い年月をかけて非正社員の組織化を粘り強く推進し、2021年には、大学生のアルバイトも含め、大部分の非正社員の組織化を実現させた。A労働組合は戦略的な広報や組合活動の改革などにより、労働組合に対する幅広い労働者層の関心を高めている。

「発言・吸い上げ機能」について、A労働組合は組合員のキャリア相談に積極的に対応している。B労働組合は相談窓口への相談方法を柔軟化し、相談窓口の広報を強化することで、相談件数を

9 厚生労働省調査による労働組合員数を、総務省「労働力調査」の雇用者数で除して計算したもの。厚生労働省調査は、1948〜82年が「労働組合基本調査」、1983〜2022年が「労働組合基礎調査」。

大幅に増加させた。いずれも組合員が相談しやすい環境づくりに寄与する取り組みであり、「発言・吸い上げ機能」の補強につながると考えられる。

「調整・提案機能」の発揮のためには、それを主に担当する活動の担い手の確保・育成が不可欠である。A労働組合は、専従の「働き方」改革やイメージ刷新に加え、専従のために研修プログラムを導入するなどして専従の確保・育成を図っている。エンゲージメント調査などで活用されている外部専門家も、質の高い「調整・提案」に貢献している。

B労働組合は、専従の育成のために、産別労組の研修機関を有効活用している。また、中央執行委員が課題意識や情報を共有できるように、中央執行委員と人事の担当者との意見交換機会を増やしている。こうした担い手育成の取り組みは、難しい調整への対応能力や提案の質の向上、すなわち「調整・提案機能」の補強につながっていくと考えられる。

「多元化」する集団的発言機能

一方、Wor-Qでは、「集団化機能」の発揮において、労働組合よりも緩やかな連帯が志向されており、「発言・吸い上げ機能」についても、サイト上でのコミュニケーションの場の提供が重視されている。フリーランスに関しては、特定の企業に属さないこと、「集団化」に対するニーズがより多様であることから、「集団化機能」があえて緩やかな形で設定されていると考えられる。同じ理由で「発言・吸い上げ機能」についても、サイト上でのコミュニケーションの場の提供が中心となっているが、フリーランス間の発言が活発化・深化し、必要に応じてより強い形での集団化にもつながり得るようなサイト設計がなされている（**図表4－5**）。

具体的には、フリーランスのコミュニケーションの場として設定されている「Wor－Qコミュニティー」では、「ベビーシッター・保育・家事代行」「配達（デリバリー）・貨物運送」「IT・クリエイティブ・ライティング」「インストラクター・トレーナー」「針灸・マッサージ、セラピスト」という5つの「お悩み相談&解決グループ」が設定されている。

職種別にグループを分けることで課題がより具体的になり、課題意識が共有しやすくなることで、将来的にはより強固な「集団化」、例えば職業別労働組合の組織化につながる可能性も視野に入ってくる。ただ、前述したようにフリーランスの「集団化」に対するニーズは多様であることから、緩やかな「集

図表4-5　Wor-Q コミュニティーのホームページ（抜粋）

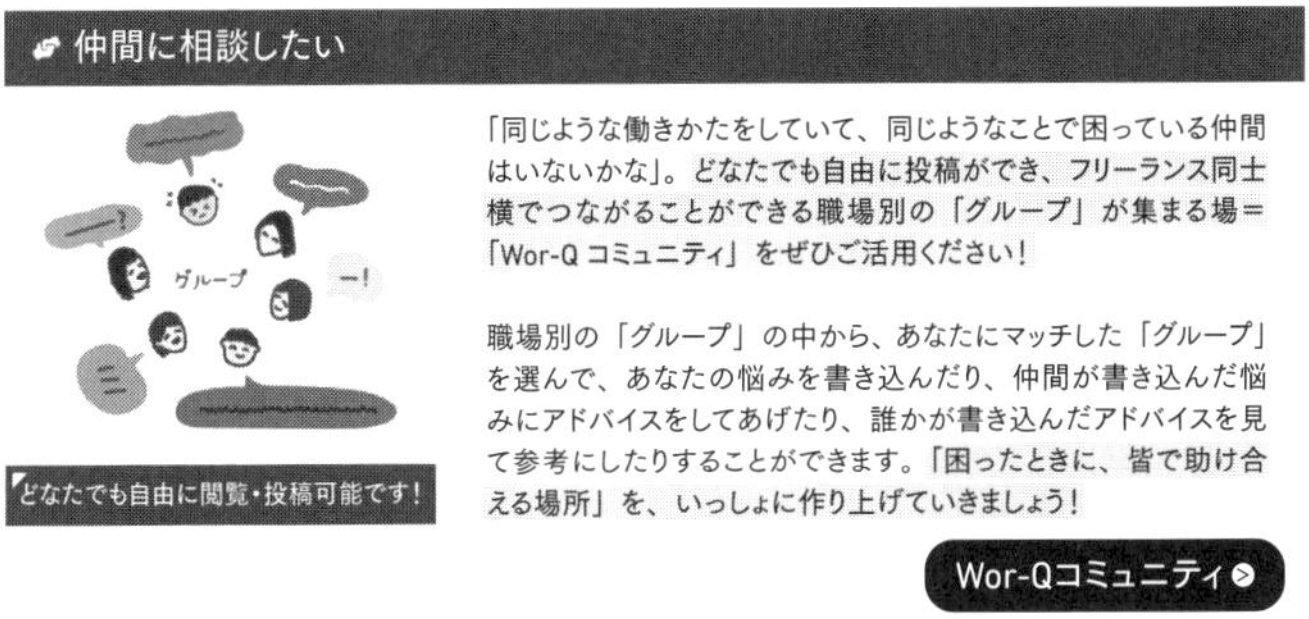
仲間に相談したい
グループ
どなたでも自由に閲覧・投稿可能です！
「同じような働きかたをしていて、同じようなことで困っている仲間はいないかな」。どなたでも自由に投稿ができ、フリーランス同士横でつながることができる職場別の「グループ」が集まる場＝「Wor-Q コミュニティ」をぜひご活用ください！
職場別の「グループ」の中から、あなたにマッチした「グループ」を選んで、あなたの悩みを書き込んだり、仲間が書き込んだ悩みにアドバイスをしてあげたり、誰かが書き込んだアドバイスを見て参考にしたりすることができます。「困ったときに、皆で助け合える場所」を、いっしょに作り上げていきましょう！
Wor-Qコミュニティ

出所：Wor-Q ホームページより
https://jtuc-network-support.com/communities/（2022年11月末閲覧）

団化」も強固な「集団化」も、あくまでも選択肢の1つとして位置付けられる可能性が高いだろう。

Ｗｏｒ－Ｑの「調整・提案機能」については、基本的にサイト参加者による任意の書き込みに委ねられており、サイト運営側による集団の担い手の確保・育成は実施されていない。ただし、サイトの立ち上げを支援した外部の専門家の一部は、引き続きサイトの運営に関わり、定期的な発信を行っている。

また、２０２２年の「みんなでつながる！　フリーランス月間」で設けられたフリーランス、発注側、雇用労働者などが議論する場の提供は、「フリーランスと発注側が対等な信頼関係を保ち、適正な形で業務を進めるための契約のあり方」という共通課題に対する一種の「調整・提案」だとも捉えられる。集団化の形態の新しさゆえ、という面もあるが、集団的発言機能の「調整・提案機能」をこれまでとは異なる形で発揮しようとしている点が注目される。


「フリーランスの個別の困りごとの手助けができるように、『みんなでつながる！　フリーランス月間』で契約の課題を取り上げました。例えば契約書がない場合でも、見積書は求められるので、見積書の下のほうに、最低限のルールだけ書いておこうと。ひな型を作ってサイトのなかに入れているんです。発注側から見て、フリーランスの見積書や契約書に同じ文言が入っているとなれば、運動的に成功で、契約の課題解決につながっていきますよね」（Ｗｏｒ－Ｑｄ氏）

ＥＲＧは、そもそも共通の課題意識を起点として自発的に形成される職場集団であることから、結果として「集団化機能」を担っているものの、「集団化」するかどうかは自由である。つまり、共通の課題意識を持つメンバーが「集団化」したければ「集団化」する。

「人事部は、活動が円滑に進むようなツールを導入したり、活動がうまくいっていない場合などに求められれば、全力でアドバイスや支援をしたりすることはあります。しかし主導権はあくまでもＥＲＧにあるので、活動がうまくいくように、あるいは停止しないようにと、人事部のほうから介入していかないようにしています。ＥＲＧは『泡みたいに次々と出てくる』ことが望ましい。うまくいかなくなって結果として活動が停止しても、それは仕方ないし、停止したのはなぜなのかということを、次の活動に活かせれば良いと考えています」（Ｃ社ＥＲＧｆ氏）

ＥＲＧでは、課題について発言したいメンバーが参加していることから「発言・吸い上げ機能」が発揮しやすい土壌がある。実際の活動でも、フラットな関係性のもとで自由に意見を出し合うことが重視されている。

「調整・提案機能」については、そもそもＥＲＧはメンバーの意見をまとめて経営陣と協議・交渉することを想定した活動ではない。Ｃ社ＥＲＧｅ氏は、ＥＲＧの発信・啓発活動が「結果として、メンバーの意識さらには周囲の意識を変えて、組織改革のうねりに変えること」を目指しているという。

つまり、経営側との協議や交渉を所与のものとせず、ＥＲＧが労働者一人ひとりの意識を変えていくことで、組織全体の風土を変えていくというアプローチであり、「調整・提案機能」の相手先は、経営側というよりも職場メンバー全体に及び、「調整・提案」というよりも「発信・啓発」が重視されている。また、「発信・啓発」のためのとりまとめにおいては、やはり担い手が中心的役割を担うことから、代表を2名体制にして、双方の持ち味・多様性を活かしながら、1名当たりの負担を軽減している点も注目される。

松浦他（2020）は、ＥＲＧの特徴として、「自発性」「柔軟性」〔メンバー組成や活動スタイルの自由度が高い〕、「開放性」〔部門や企業をまたがり、場合によっては企業の外にまでネットワークを広げている〕をあげているが、これらの特徴は集団的発言機能の発揮スタイルとも連動している。

職場での新たな「つながり」の可能性

図表4－6は、集団的発言機能の「補強」と「多元化」に関する筆者の主張をまとめたものである。インタビュー調査からの示唆を整理しても、集団的発言の3つの機能のどれかがなくなったり、新しい機能が追加されたりという事象は見られなかった。しかしながら、機能発揮がうまくいかなくなっている部分を「補強」したり、3つの機能を所与のものとせず一部の機能に重点

を置く、あるいは機能の捉え方を変質させるというような「多元化」の動きは見てとれた。

また、集団的発言機能の「補強」「多元化」のいずれについても、機能発揮のために従来と異なるやり方が模索・実践されていることも注目される。特に「多元化」においては、伝統的な労働組合とは異なる緩やかな「集団化」が模索されており、支部委員・中央執行委員・専従といった階層的な組織とは対照的な、フラットで自由な「発言・吸い上げ」が想定されている。「多元化」で取り上げたWor-QとC社ERGはいずれも、これまでの労働組合の主

図表4-6　集団的発言機能の「補強」と「多元化」

集団的発言機能	機能の定義	補強（例）	多元化（例）
集団化機能	メンバーの募集・加入や集団の中核的な担い手の確保・育成	・非正社員の組織化（B労働組合） ・労働組合に対する幅広い労働者層の関心の高まり（A労働組合）	・あえて緩やかな集団化（Wor-Q） ・あえて自由な集団化（C社ERG）
発言・吸い上げ機能	より良い職場づくりのためにメンバーが発言する、あるいは集団がメンバーからの発言を吸い上げること	・組合員のキャリア相談への対応（A労働組合） ・相談窓口への相談方法の柔軟化（B労働組合）	・コミュニケーションの場の提供（ただし、より強い「集団化」にもつながり得る設計）（Wor-Q） ・フラットな関係性のもとでの自由な意見交換（C社ERG）
調整・提案機能	メンバー間もしくは関係者との間で意見を擦り合わせ、課題解決に向けた具体的な提案を行うこと	・専従の「働き方」改革やイメージ刷新、専従のための研修プログラムの導入、外部専門家の活用（A労働組合） ・産別労組の研修機関の活用、人事との意見交換機会の充実（B労働組合）	・サイト参加者による任意の書き込み（ただし共通課題についての意見交換の場は提供）、外部専門家の活用（Wor-Q） ・経営側への「調整・提案」よりも職場メンバー全体への「発信・啓発」重視、代表2名体制による担い手の多様性重視と負担軽減（C社ERG）

出所：筆者作成

流として位置付けられてこなかったフリーランスや女性がメインのメンバーとなっており、多様性の進展のもとでは、こうした緩やかな「集団化」やフラットで自由な「発言・吸い上げ」がなじむのかもしれない。

多様性の進展のもと、ともすれば職場が個別化・分断化しやすい昨今において、職場集団が集団的発言機能を発揮し続けることは容易ではない。しかしながら、発言内容の実現可否は別として、誰もが漏れなく発言できること、大きい声も小さい声もまずは吸い上げてもらえることは、職場をより良いものにするための起点となる。

自分や自分たちが発言すれば、属する職場がより良いものに変わり得ると思えることは、働く人々にとっての一種の「セーフティネット」であり、組織にとっても活力の源であろう。だからこそ、新しい「つながり」の可能性を諦めず、多様性のもとでの集団的発言機能のあり方について考え続ける必要がある。本章もそれを考え続ける途上に位置付けられるが、本章で提示した集団的発言機能の「補強」と「多元化」を1つのヒントとして、次の新しい「つながり」が生まれることを期待したい。

〈謝辞〉
本章の執筆に当たっては、連合総研に設置された研究会（主査：玄田有史東京大学社会科学研究所教授）での報告や議論から、多くの示唆や気づきを得ることができた。インタビュー調査の実施においては、連合総研の研究メンバーの皆様から多大なるご協力・

ご支援を頂いた。インタビュー調査にご協力頂いたA労働組合、B労働組合、Wor-Q、C社ERGの皆様は、筆者のしつこい質問や面倒な内容確認にも快くご対応くださった。この場を借りて皆様に心からお礼申し上げる。なお、本章における主張は筆者の見解であり、本稿に誤りがあればその責はすべて筆者に帰する。

参考文献

松浦民恵・坂爪洋美・武石恵美子・中川有紀子・松原光代（２０２０）「ダイバーシティのもとでの集団的労使コミュニケーション――分野別の自発的小集団・ERGからの示唆」『生涯学習とキャリアデザイン』Vol.17 No.2, pp.83-102.

松浦民恵（２０２１）「ダイバーシティのもとでの集団的労使コミュニケーション――少数派による『集団的発言』機能に注目して」『日本労働研究雑誌』７２７号、pp. 89-99.

Freeman, R. B., & Medoff, J. L. (1984). *What do unions do.* Indus. Lab. Rel. Rev., 38, 244.（リチャード・B・フリーマン、ジェームズ・L・メドフ共著、島田晴雄・岸智子訳（１９８７）『労働組合の活路』日本生産性本部）

Hirschman, A. O. (1970). *Exit, voice, and loyalty: Responses to decline in firms, organizations, and states* (Vol. 25). Harvard University Press.（アルバート・O・ハーシュマン著、矢野修一訳『離脱・発言・忠誠――企業・組織・国家における衰退への反応』ミネルヴァ書房、２００５年６月）

Welbourne, T. M., Rolf, S., & Schlachter, S. (2015, September). Employee resource groups: An introduction, review and research agenda. In *Academy of Management Proceedings* (Vol. 1, No. 1, pp. 15661-1594). Briarcliff Manor, NY 10510: Academy of Management.

第５章

セーフティネットとしての集団

——法と自治の視点から

神吉知郁子

はじめに
ゆらぐ、ひらく、つながる、編む、支える

2020年初めから世界を席巻したコロナ禍は、生命を脅かすだけでなく、それぞれの社会の脆弱性をむき出しにした。あらゆる「密」が敵視され、つながりが薄められていく。そのなかで浮かび上がってきたのは、例えば労働市場における女性への深刻な影響である。それは女性が多く働く接客サービス業への大きなダメージが一因といえ、製造業を中心に打撃が及んだ2008年のリーマン・ショック不況との比較で、コロナ不況は女性不況（She-Cession）ともよばれた。

さらに日本では、正社員の雇用は比較的持ちこたえたものの、非正規労働者の多くが職を失った。非正規労働者の7割を女性が占めるこの国で、女性と非正規をめぐる格差問題はかなりの部分で重なる。また、労働市場の問題は、家庭生活のあり方とも密接に関わっている。外出制限や休校措置などの政策によって家庭が閉じられていくなか、家

庭内暴力や自殺者数が増え、ひとり親世帯の貧困は深刻化した。就職氷河期世代として社会に出て、家庭責任を抱えて正規職につけない期間の長かった私にとって、それは「何か」がほんの少し違っていただけの自分自身の問題でもある。

事の本質は、もともと存在していた社会問題が表面化して最も脆弱な者を直撃し、既存の不平等を強めたことにあるといえるだろう。そうだとすれば、これからの社会をより平等な、誰もとりこぼさずにつなぐものとして構築するにあたっては、これらの脆弱性をどのように補強し、格差をなくしていくかが鍵になる。

人がつながり、集団となることがセーフティネットであったはずなら、なぜ既存のつながりはうまく機能しなかったのだろうか。これから復活するつながりは、何をどのようにつないでいけばよいのだろう？

本章では、集団化によるセーフティネッティングの意義と課題について、憲法や労働法の枠組みにおいて当然と考えられてきた制度的な前提を問い直すことからはじめる。なかでも重要なのは、労使自治という価値である。労働組合を取り巻く厳しい環境において、労使自治はどのように支えられるべきか。これを実質化するために乗り越えなければいけないハードルは、実は格差是正のハードルと共通するのではないか。正規・非正規や労働者・非労働者の分断はどうすれば乗り越えられるのか。そして、これからの集団と個の関係はどうあるべきか。法と自治の視点から考えてみたい。

1　集団化というセーフティネッティング

集団とは、持続的な相互関係をもつ個の集合である。最初は個がイニシアティブをもちながら、集団が形成されていく。しかし、いったん1つの集団が成立すると、それは各個から離れた、固有の意義をもつ。とくに労働市場においては、労働組合という労働者集団が、個々の労働者の利益代表または紛争解決主体として、特別な期待や役割を一手に引き受けてきた。そして、これに対応するかたちで、国家も、組合に対する格別な保護や規制を発展させた。

一人ひとりでは弱い個が、集まって情報を集約し、集団で行動することによって、要求を貫くための交渉力と実現可能性を高める。そうしてつくられた労働組合が労働条件の維持・向上をめざすとき、それは構成員のためにセーフティネットを編む営みと位置づけられる。集団となることで、個々の従属的で受動的な労働者が、能動的な存在へと変わってもいく。これは、集団化によって弱い自助を互助・共助にまで引き上げ、支え合いを強化する仕組みといえる。

そして、ここで想定されているのは、共通のゴールをともに目指せるような同質性のある集団によって自らのことを自律的に決定する、自治である。この概念は「労使自治」とよばれ、集団的な労使関係をつらぬく規範として、最も重要な価値がおかれてきた。働き手のセーフティネットを実質的に構築するには、労使自治をしっかりと機能させることが必要不可欠なのである。

2 労使自治の法的構造

そもそも、労使関係とは何か。賃金などの労働条件に関する交渉は、基本的には契約当事者間でのやりとりである。もっとも、その交渉には、直接的には法律上の労働者に対する権利保障、間接的にはより広く労働市場に対する法規制などの、外在的な条件が影響する。アメリカで労使関係制度論を主唱した経済学者J・T・ダンロップは、産業社会の秩序を律するルールとその規定要因を整理するなかで、労使関係を使用者・労働者・政府の相互関係によって成り立つものと見た。当事者を取り巻く外的な法システムが労使関係そのものに影響を与えているという洞察は、アメリカ法を源流とする日本の集団的労使関係法の理解にもあてはまる。このような視点から、労働法における集団の位置づけを再確認しておこう。

最高法規である日本国憲法においては、弱い立場にある労働者の保護を目的として、法律で個々の労働条件の最低基準を定めることとしたうえで、労働者の集団（労働組合）による団体交渉の保護・促進のために労働三権を位置づけている。これを受けて、労働組合法は、労働者が団結する権利とともに、労働条件の維持改善等を主たる目的として自主的に組織する労働組合に対して団体交渉権を保障し、労働組合が団体交渉の目的事項の貫徹のために行う争議行為などを団体行動権として保障し、労働組合の正当な行為に対して刑事免責・民事免責・不利益取扱いからの保護を保障する。そして、不当労働行為の3類型として、組合員であることなどを理由とする不利益取扱い、正当な理由のない団体交渉の拒否、組合弱体化行為（支配介入）を禁止し、使用者がこれに反した場合には労働委員会という行政組織による救済の対象とする制度を設けた。

労働組合は労働者によって自発的につくられる任意団体であり、どのような事項について使用者と交渉するかは自ら決定できる。使用者は誠実交渉義務を負い、労働組合に対しては、必要に応じて自らの主張の論拠を説明し、その裏付けとなる資料を提示しなければならない。労働組合は組合員を代表して交渉し、勝ちとった労働条件を労働協約に落とし込み、各組合員の労働条件に反映させることを目指す。

このように、集団の意義は、労働者個人の従属性を集団のレベルで解消することで対等な交渉を実現し、これによって労働条件を改善することにあるから、法は集団の営みを手続的に支えることに主眼をおく。そして、個人の契約自由（私的自治・個別交渉）は労使自治の下支えあってこその、「上乗せ」として位置づけられる。法は労使自治を尊重するために、自治の中身や結果に立ち入らない。こうした労働組合法制の基本的枠組みは、70年以上も改正されずに維持されている。しかしその間に労働組合を取り巻く状況は激変し、もはや現実的な規範として機能していないとの指摘すらある。[1] それは一体、なぜなのか。

1 野田進「『労働組合システム』の停滞にどう向き合うのか」労働法律旬報1999＋2000号、2022年、p.101以下。

3 自治を難しくする法制度的要因

就業規則の労働条件設定・変更機能

労働条件の設定と変更に関して、日本には独特の法理がある。使用者が一方的に決める就業規則によって労働条件の設定・変更ができる、というものである。本来は、契約条件は当事者の合意によってしか設定・変更できないはずであった。とくに、労働者の不利益になる変更であればなおさらである。しかし、現在は労働契約法のなかに組み込まれている就業規則変更法理は、1970年前後から形成されてきた判例法理として、変更が「合理的」であり「周知」されていることを歯止めとしつつ、使用者が労働者の合意を得なくても労働条件を不利益に変更できる余地を認めてきた。

このように一方的な労働条件設定・変更が可能となったことで、日本の使用者は労働組合と交渉しながら労働協約によって集団的に労働条件を設定するインセンティブを失っていく。この点、裁判所は、就業規則変更が「合理的」であるかを判断する際に、多数組合との交渉の経緯を1つの考慮要素としてきた。しかし、数々の最高裁判決では、労使間の利益調整に着目しつつも多数組合が非組合員の利益を適正に代表しているかが検討されていなかったり、組合が反対した事実はほとんど重視されていなかったりなど、組合の役割はまるで「独自の判断主体というよりはある種の『協賛』機関」とみなされているようだという。[2]

こうした就業規則の不利益変更法理は、厳格な解雇制限とのトレードオフと見られ、合理性と周知を担保に、職場における集団的かつ統一的な労働条件を実現するという目的によって正当化できるといわれてきた。ところが、裁判によって就業規則変更の合理性が否定されたような場合でも、変更後の就業規則自体が無効になるわけではなく、訴えた労働者とそれ以外とでは労働条件の統一性を欠くことがある。さらに、自由な意思に基づくという条件つきではあるが、個別に労働者の合意を得ることによって不利益な就業規則変更も有効にできる。[3]つまり必ずしも労働条件の集団性を確保するわけではない手段が、本来の集団的労働条件設定手段であるはずの労働協約の出番を減らしていることになる。

たしかに、就業規則は当該事業場について適用される労働協約に反することはできない。その意味で、法的には労働協約の優先が確立されている。しかし、使用者のイニシアティブによる就業規則変更が集団的労働条件変更の場面ですでに支配的手段となってしまっている現実の状況では、労働協約が集団的労働条件の設定に果たす役割は小さくなる一方である。

2　第四銀行事件・最二小判平成9・2・28労判710号、p.12、函館信用金庫事件・最二小判平成12・9・22労判788号、p.17など。道幸哲也「従業員代表制の常設化と労働組合機能（上）」『季刊労働法』272号、2021年、p.120.

3　山梨県民信用組合事件・最二小判平成28・2・19民集70巻2号、p.123.

労働協約の限定的な役割

また、労働協約が締結できたとしても、集団的に労働条件の内容を規律する効力が限定的であるのも日本の特徴である。労働組合の推定組織率は1949年の55・8％というピークから低下の一途を辿り、2022年には16・5％と、過去最低を記録した。日本では、この数字は同時に、全労働者において労働協約が適用される率の上限を示唆する。これは当たり前のように見えて、国際的にはそうでもない。組織率でほとんど変わらないドイツの労働協約適用率は、5割を超えている。フランスでは98％に及ぶ。日本の労働協約適用率の低さは、労働協約の拡張適用が極めて限られ、基本的にそれを締結した組合の構成員にしか及ばない仕組みにも原因がある。[4]

そして、協約締結を後押しするために圧力をかける方策として位置づけられているのが、団体行動である。しかし、活発な争議行為が社会の支持を得ていた戦後しばらくとはちがって、いまや威嚇・圧力行為自体に対する嫌悪感が顕著で、一方で個人が責任をとりたくない風潮があり、集団的行動の阻害要因となっている。[5]

しかも、団体行動の典型とされてきたストライキの有効性は、生産システムの大幅な改善によってもはや労務不提供が適切なプレッシャーにならないこと、対人サービス産業においては労務不提供が利用者の不便を引き起こし、社会的サポートが得られにくいこと、そもそも減少している組合員だけでストライキをしても企業経営に対するインパクトが弱いこと、などの理由から弱まり続けている。

このように、日本の集団的労使関係において、労働協約の締結を通じて労働条件決定に果たす集団の役割は決して大きくない。しかも、利益において共通する同質な範囲に小さくまとまる傾向にある。同質性のある集団による自治を前提とする限り、それが編もうとするセーフティネットも広がりを欠くおそれがある。

4　自治を難しくする内在的要因

組合民主主義と少数派

戦後の労働法はしばしば、いわゆる市民法との異質性を強調する文脈において、団結は「個々の労働者の意思をこえた」「個別的自由の単なる総和でもなければ、それに解体することもできないところの、一個の独自な存在」であり、労働者の自由は、団結の活動に向けられてのみ意味をもつとさえ考えられてきた[6]。団結は必然的に強制をともなうもの、そして法はそれを承認して

4 茨城県の小売業について中央労働委員会が地域的拡張適用を認めた約30年ぶりの事例については、古川景一、川口美貴『新版　労働協約と地域的拡張適用――理論と実践の架橋』信山社、2022年

5 道幸哲也「団体行動権を支える法理」『季刊労働法』269号、2020年、p.122.

6 片岡昇「労働法における人間」『季刊労働法』48号、1963年、p.13.

いると理解されたのである。例えば、採用した労働者に組合への加入義務を課し、脱退・除名の場合は使用者の解雇義務を定めるユニオンショップ協定の効力については、個々の労働者の自己決定を重視する立場から違憲・違法との主張も強かったが[7]、判例法理は一貫してその有効性を認めている。

労働組合にとっては、使用者との関係で独立性を有し、内部運営においては民主性をもつことが重要である。自主性と民主性を兼ね備えない労働組合は、労働組合法の設ける労働委員会の救済を受けられないからである（ただし、組合の存在自体が否定されるわけではない）。とくに、集団と個の関係を考えるうえでは、組合内部の民主性の確保が重要になる。

そして、組合民主主義の基本は、多数決である。適正に決定された組合の方針に反する個人は、統制処分の対象にもなる。しかし、それ以上に具体的な規律が存在するわけではない。少数意見を通そうとする組合員は、まずは内部で民主的な運動や言論によって支持を集める必要がある。組合内部で複数のグループが対立するような場合も、内部対立である限り不当労働行為の問題にはならず、裁判に訴えて解決するような道はほとんどない[8]。つまり、集団化して自らの声を上げるには、集団内における強い「個」でなければならない。そして、強い個であるとは、利害が共通する他の個とともに多数派を形成できることを意味する。

労働組合の多数派の姿

近代的な核家族、性別役割分業が確立したのは高度経済成長期（1955〜70年頃）以降であり、とくに1975年には核家族率が6割を超えた。当時はほとんどの人が結婚し、かつ離婚しない社会であり、合計特殊出生率は2・0前後と、「男性稼ぎ主と主婦、未婚の子ども2人」が標準的な世帯といえた。そして、これに対応するように、男性稼ぎ主に無制限な働き方を求めるかわりに長期雇用と家族賃金、福利厚生を保障する雇用慣行が確立し、他方で、被扶養者として専業主婦を優遇する税・社会保障の仕組みができあがっていった。

日本的雇用慣行といわれる長期雇用、年功的処遇、企業別組合は、新卒一括採用慣行も含めて、すべて個人の差異よりも、会社や社会という集団の構成員としての均質性・同質性に依拠した仕組みといえるだろう。生涯未婚率が高まり、出生率が低下し、単独世帯が増えて世帯規模が縮小することで、かつての標準世帯はもはや標準ではなくなっている。しかし、それまでの雇用慣行や社会保険の仕組みに、劇的な変化はおとずれていない。

現在、低迷しつつもなけなしの組織率を支えているのは、ユニオンショップ協定とチェックオ

7 西谷敏「ユニオン・ショップ協定の再検討」下井隆史・浜田富士郎編『労働組合法の理論課題』世界思想社、1980年、P.52以下。西谷敏『労働法における個人と集団』有斐閣、1992年、p.93以下。

8 名古屋ダイハツ労組事件・最一小判昭和49・9・30労判218号、p.44.

フ協定によって人数と財政基盤を安定させてきた企業別組合であり、その多数派は大企業の男性正社員である。組織率は企業規模で大きく偏りがあり、従業員1000人以上企業の組織率が約4割であるのに対して、99人以下の企業では1%を切る。パートタイム労働者の組合員は少しずつ増えてはいるものの、組織率は8・5%にとどまる。

そうした企業内組合は企業と利害が一致することが多く、労使協調主義に傾きがちになる。さらに、ユニオンショップ協定があることで、組合は組織化に向けた積極的な努力をしないですみ、強いモチベーションをもたないまま組合に加入する労働者がどうしても多くなる。

オイルショック後の日本企業の立ち直りは「ジャパン・アズ・ナンバーワン」と持ち上げられ、その成功体験をもとに「企業あってこその労働者」という労使協調路線が主流となった。総争議件数は1974年の1万462件をピークに低下を続け、なかでも半日以上のストライキは2000年代に入ってからは2ケタ、最近では30件前後という状況が続いている。

争議による労働損失日数は、主要先進国のなかでも日本が際立って少ない。他方で、賃上げをめぐる労使交渉を見ると、賃上げの平均要求額に対する妥結額の割合（要求達成率）は6割程度にとどまる。その理由を、全労働組合員の7割以上は1000人以上の大企業や公務部門で働く者であるとして、労働組合員が恵まれているがためのこだわりの薄さにみる論者もいる[9]。

ケアを担って標準モデルから外れる人々

日本の正社員の典型、すなわち日本型雇用における男性稼ぎ主モデルは、「ケアレスマン・モデル」ともよばれる。[10] ケアレスマンとは、自己及び他者のケアを負担しない働き方ができる人を意味する。家族を含めた他者のケアを担わない、むしろ誰かにケアを委ねられるからこそ、長時間労働や遠隔地への転勤に柔軟に応じることができる。ケアレスマン・モデルは、家庭のケア責任を主婦が一手に担うという、性別役割分業と表裏一体である。企業だけでなく、司法判断も、企業の時間外労働命令や配転命令を幅広く認め、こうした慣行を判例で追認してきた。[11] 政府ですらも、1978年厚生白書において、高齢社会の社会保障について、家族の同居(家族がケア責任を果たすこと)は「福祉における含み資産」とみなしていた。

そのようななかで、育児や家事、介護で働き方に制限のある者は、雇用の標準モデルから外れるために非正規という働き方を選ばざるを得なくなる。それは選択肢自体が限られているためであるにもかかわらず、本人の自己選択でもあるという一種の正当化を通した言説として普及していく。こうして、家庭における性別役割分業は労働市場においてさらに増幅され、正規・非正規

9 呉学殊「日本的雇用慣行における集団――労使関係と賃上げを中心に」『日本労働研究雑誌』747号、2022年、p.8.
10 杉浦浩美『働く女性とマタニティ・ハラスメント』大月書店、2009年
11 東亜ペイント事件・最二小判昭和61・7・14労判477号、p.6.

の分断や格差として日本の労働市場に根づいていった。

近年では、働き方改革のスローガンの下、正規・非正規間の不合理な待遇格差の禁止が法制化され、訴訟も頻発している。しかし、正規・非正規の待遇格差が不合理かどうかは、現在担当している職務をスポット的に見るのではなく、将来にわたる配置や昇進の見込みも考慮して判断されるため、時間的・場所的に限定された働き方しかできなければ一定の格差はやむを得ないという結論になりやすい。

こうして、他者のケア責任を負うことで仕事にフルコミットできない者は、まずは労働市場において低い処遇に甘んじることになる。格差是正が一筋縄でいかない根底には、日本ではパートタイムに対するフルタイム、有期に対する無期といった明確な軸による比較が不可能だという事情がある。正社員の価値が長期にわたる柔軟性そのものにおかれているため、日本の労働市場は、無制限に働けるかを分水嶺として、正規・非正規に分断されるのである。

セーフティネッティングにおける市場格差の再生産

そしてその分断は、労使自治というセーフティネット構築力にも反映される。自治は決して、自然には達成されない。活動にかける時間、活動を支える資金（組合費）が必要になる。時間やお金という社会資源をもたない脆弱な個人には、つながること自体が難しくなる。自分のために自分の時間と経済的価値を使えない者、とくに時間を他者のケアに使わざるを得ない者は、つながりから排除されるために自治がままならなくなる。

労働者には所定就業時間中の職務専念義務があるため、組合の専従職員でもない限り、労使自治には私的な時間を割かなければならない。私的な時間を家族のケアに使う労働者は、そうしたセーフティネッティングに加わることが困難である。日本における家庭内の無償労働時間（家事・育児などの生活時間）は、女性にとって1日あたり224分と、男性（41分）の5・5倍となっている。この偏りは、OECD諸国で最も大きい[12]。

逆に男性の有償労働時間は1日あたり452分と、長さと有償・無償労働の偏りとともに、突出している。男性の生活時間の短さも、セーフティネット構築のネックといえる。また、日本のシングルマザーの就業率は78・7％（2018年）と高いが、その半数以上が貧困状態にある。労働時間も長く、時間的貧困と金銭的困窮との二重の貧困に苦しむケースも後を絶たない。最も助けが必要な人が、共助としてのセーフティネットを編む営みに参加できていないのである。

日本において圧倒的多数を占める企業別労働組合とその産別組織の多くは、典型的な男性型組織である。そのなかで、労働運動は主に男性組合員や男性役員を念頭においた取り組みとして進められてきた。これまで組合内部で最大の少数派は、女性であったといえる。男性を標準とした

12 内閣府男女共同参画白書、2020年、コラム1図表1「男女別に見た生活時間（週全体平均）（1日当たり、国際比較）」https://www.gender.go.jp/about_danjo/whitepaper/r02/zentai/html/zuhyo/zuhyo01-c01-01.html（2023年1月9日閲覧）

雇用制度の下では、性差別的処遇格差が避けられず、企業別組合中心の運動展開はどうしても女性差別に対する取り組みが手薄になると指摘されてきた[13]。

もっとも、保育所整備、産前産後休暇の延長、育児時間、育児休業、短時間勤務制度、介護休業などの法制化が、労働組合を活動基盤とする女性運動によって協約化を実現してきた制度であることに鑑みれば、少数派であった女性組合員が並々ならぬ努力を重ねてきたことは間違いない[14]。それでも、母性保護に関わる政策の実現には協力的であった男性組合員が、男女平等に関する事項には冷淡であったという。

こうした状況は、変わっているのだろうか。労働市場における労働者の男女比率がほぼ半々であるのに対して、推定組織率は女性が常に低い（2020年の数字として、男性65・9%・女性34・1%）。民間労組の執行委員の女性比率は、2011年以降、約10%にとどまっている。組合の女性役員の調査からは、男性に比べて格段に家族ケアの負担が大きく、仕事・家庭・労組という三重の役割負担も大きいため、労組活動の時間が捻出できないなどの「崖」や「壁」が浮かび上がる[15]。この点で、労働組合もまた、企業同様の男性社会の縮図なのである。

また、コスト（組合費・活動時間）に見合うベネフィット（賃上げ）がなければ、集団に加わるインセンティブも薄くなる。マイノリティであることは、ときにマジョリティと利害が一致しないことをも意味し、さらに参加を遠ざける悪循環を生む。このように、労働市場における排除の構造が、共助というセーフティネットのレベルにおいても再生産される。

労使自治というセーフティネッティングには、一定以上の時間的・経済的余裕をもつ人でないと参加しにくい。集団で自前のセーフティネットを編める、つまり集団化できる余裕は、特権に近い。このことを無視して自治を定義すると、セーフティネットが結局は持てる資源や社会的資本に依存する状況を追認し、安易な自己責任論と接近する危険がある。

集団の同質性・均質性は、1つの目標を共有し、参加者の便益が一致することゆえの突破力にもなる。しかしそこには、多様性確保とは真逆の価値観が構造的に内包されている。数こそ力であるという前提は、少数者の無視・排除につながりかねない。意見を異にする個人を尊重できなければ、組合は分断・細分化の危機を迎えることになる。代表者による意見の集約や調整の適正さを、どう担保するか。これから、より強いセーフティネットを編める真に平等な社会を目指すには、少数派や、集団になじまない「個」をどう尊重するかという問題を解決しなければならない。自助できる人間しか共助ができない仕組みに、持続可能性は見えてこない。

13 山田和代「ジェンダー雇用平等と労働運動」藤原千沙・山田和代編『労働再審3　女性と労働』大月書店、2011年、p.279.

14 浅倉むつ子・萩原久美子・神尾真知子・井上久美枝・連合総合生活開発研究所編著『労働運動を切り拓く』旬報社、2018年、p.196.

15 本田一成「「男女平等参画」から「クミジョ」へ――労働組合における女性の代表性の現状と課題」『日本労働研究雑誌』747号、2022年、p.31以下。

非労働者たるフリーランスの脆弱性

ここまで見てきた労働自治の課題は、正規・非正規の違いはあれど、「労働者」という労働基準法や労働組合法の保護対象の問題であった。しかし近年増えているフリーランスの多くは、労働契約ではなく請負などで働く就労形態をとっており、「労働者」というカテゴリーに入らない。いったん非労働者ということになれば、たとえ労働者と同様に企業に従属的で、労働者以上に地位が不安定であろうとも、労働者を対象とする法の保護は及ばない。

そのうえ、公的なセーフティネット（公助）においても、保護すべき「労働者」を画することによって、これに含まれない働き手がセーフティネットから漏れ落ちるという構造的問題にも目を向けなければならない。例えば、新型コロナウイルス感染症のパンデミックを契機に注目された、失業・傷病・休業というリスクに対して、各種社会保険の対象である被保険者、非正規労働者（各種社会保険の非対象者）、非労働者（フリーランス等の雇用類似就業者）とで生じる違いを筆者が整理したのが**図表5－1**である。

太枠で囲んだ部分では、リスクに対する保護が最も厚くなっている。とくに各種社会保険の被保険者である労働者については、失業と傷病によって途絶える職業収入が一定の報酬比例でカバーされることが大きい。これに対して、社会保険の被保険者とならない非正規労働者や非労働者については、職業収入の補完ではなく、困窮などに陥った場合に、ニーズに応じた公助の対象と

図表5-1　失業・傷病・休業リスクに対する就労形態別の社会保障

リスク	失業		傷病		休業
労働者（各種被保険者）	雇用保険	〈適用要件〉 ・「労働者」 ・週20時間以上の労働時間 ・1カ月以上の雇用見込み ・全日制学生は適用除外 〈受給資格（被保険者期間）〉 ・不本意離職の場合：過去1年で6カ月以上 ・自発的離職の場合：過去2年で1年以上 〈支給額〉 離職前給与の50〜80%（上下限あり） ・不本意離職→90〜330日分 ・自発的離職→90〜120日分	健康保険	〈適用要件〉 ・「労働者」 ・学生は適用除外 ・労働時間が4分の3未満の非正規雇用は排除、ただし以下の者は含める（2012年改正〜） ー週20時間以上 ー賃金月額8万8000円以上 ー雇用期間2カ月以上（見込み） ー従業員100人以上（2024年から50人以上） 〈支給額〉 傷病手当金（休業3日経過後から1年半、月収の約3分の2）	〈適用要件〉 ・「労働者」 〈支給額〉 ・労基法上の休業手当（平均賃金の6割）←雇用調整助成金、または休業支援金（会社から支払われない労働者に対して） ＋小学校休業等対応助成金（有休とは別の賃金全額支給の休暇を創設した事業者向け）
			労災保険	〈適用要件〉 ・「労働者」 ・業務上の災害 〈支給額〉 障害等級に応じた給付基礎日額×日数	
（社会保険の被保険者とならない）非正規労働者	・求職者支援 無拠出で訓練受講者に給付 ・生活困窮者自立支援 ・生活困窮者住宅確保給付金 ・生活保護		国民健康保険	傷病手当金は原則なし	〈適用要件〉 ・「労働者」 〈支給額〉 ・労基法上の休業手当（平均賃金の6割）←雇用調整助成金、または休業支援金（会社から支払われない労働者に対して。全日制学生も排除されない） +小学校休業等対応助成金
			労災保険	〈適用要件〉 ・「労働者」 ・業務上の災害 〈支給額〉 障害等級に応じた給付基礎日額×日数	
フリーランス（非労働者だが雇用類似就業者）	・求職者支援 無拠出で訓練受講者に給付 ・生活困窮者自立支援 ・生活困窮者住宅確保給付金 ・生活保護		国民健康保険	傷病手当金は原則なし	休業手当はなし ＋小学校休業等対応支援金 〈適用要件〉 ・業務委託等にもとづく業務遂行等に対して報酬が支払われている ・業務従事、遂行の態様、場所、日時について発注者から一定の指定を受けている ・報酬が時間を基礎として計算されるなど、業務遂行に要する時間や業務遂行の結果に個人差が少ないことを前提とした報酬体系
			労災保険	労災保険は原則なし（特別加入できる例外がある）	

される。かりに労働者と極めて類似する状況にあるフリーランスであっても、現時点ではそうした類似性に注目した保障は少ない。例えば、フードデリバリーサービスなどの一部については労災の特別加入を制度化したものの、拠出負担のあり方などを含め、実質的な脆弱性対策が課題に残る。

パンデミック下で特筆されるのは、これまでそのような制度設計下で報酬比例的な保護の対象となってこなかったフリーランスに関して、小学校休業等対応支援金が一定の要件を設けつつも支給対象に含めた点であろう。それは、フリーランスであっても保護の必要性が変わらないという理由によるものである。そうだとすれば、その他のセーフティネットについても、雇用類似就業型の非労働者への拡大を検討する必要性が示唆される。

正規労働者に対する手厚い保護は、非正規労働者・非労働者が基本的に「被扶養者」と位置づけられてきたことに関連する。すなわち、被扶養者の所得は「家計補助」にすぎないから、基本的には家庭内扶助によってカバーされれば足りると考えられてきた。つまりこれは自然発生的な格差というよりも、望ましいと考えられてきたあり方に沿ってつくられた格差ということができる。しかし、現在では世帯総収入のうち、妻の収入が占める割合は正規雇用で約4割、非正規雇用でも約2割に達しており、家計を支える役割を軽視できなくなっている。

いずれにしても、これらのステイタス間には公的なセーフティネットの強度に差があり、雇用や契約の継続性保障が脆弱な労働者ほど、そのセーフティネットも脆弱という関係にある。公助セーフティネットの階層については本書第1章、第2章で詳しく言及されているので、ここで指摘したいのは次の1点である。労働市場において、賃金や報酬といった待遇が低い非正規労働者・非労働者は、集団化による共助セーフティネットからも漏れやすく、公助セーフティネットも薄いという、三重の脆弱性に苦しめられる。この事実を直視しなければならない。

5　集知・集動のヒント

労働者にこそプラットフォームを

集団やセーフティネットの再編に向けて、国内でもさまざまな取り組みがなされている。これについては本書の第1章から第4章で詳しく紹介されているので、ここでは少し視点を変えて、日本と同様に組織率の低下に悩むイギリスの動きからヒントを得たい。

新しい「つながり」をつくる取り組みとして、イギリスのオーガナイズ（Organise）という組織の活動に注目しよう。オーガナイズは、労働組合ではない。労働者が自らキャンペーンを開始・運営し、他の労働者とコミュニケーションするためのデジタルツールを構築する、技術系スタートアップ企業である。営利企業であり、運営は機関投資家やエンジェル投資家、各種ファンドなどによって支えられている。

主な活動は、企業に対する質問状や嘆願書の作成、関心事項に対するウェブ投票などの支援である。スタッフチームは、技術者や活動家、コミュニケーターなど、多様なバックグラウンドと専門をもち、キャンペーンを勝ち抜くためのアドバイスや支援を提供する。つまり、働き手を「つなぐ」役割を正面に打ち出しているところが特徴である。個人のデータと身元は機密扱いで保護しながら、多数の声を集めることで個人の告発を社会的キャンペーンとして成長させ、強い影響力をもつに至る。

現在、このネットワークには100万人以上が登録している。メンバーになると、このコミュニティに参加している他のメンバーとともに仕事の問題について情報交換し、アドバイスやフィードバックを受けることが可能になる。メンバーが無料で使えるツールとしては、職場の秘密厳守の請願書、公開書簡、匿名調査、国会議員へのメール送信、地元紙への手紙などが提供される。企業や政府に対してキャンペーンを張る場合には、個人は匿名のまま、集団としてのインパクトを与えることが模索される。

1つの具体例として、イギリスのある書籍チェーン会社に対するキャンペーンがある。新型コロナウイルス感染症拡大にともなって、同社では一時帰休制度が適用された。当時、公的な「コロナウイルス雇用維持スキーム」によって、企業が支払う従業員の通常の給与の80%が補助された。しかしこれは、一時帰休中の賃金が最低賃金をクリアすることを保証するものではない。もともと同社の従業員の多くは最低賃金ぎりぎりのレベルで働いていたため、政府の賃金補助だけでは最低賃金を下回ってしまう。

そこでオーガナイズは、社長たち経営陣に宛てて、従業員の経済苦境について支援するよう求める嘆願書を作成した。そのなかでは、生活のために慈善団体やフードバンクを回らざるを得ない、家賃が払えず借金や友人宅に身を寄せざるを得ないといった苦境が連ねられ、100人以上の従業員を含む1500人以上が署名した。こうしたキャンペーンは多くのソーシャルメディアなどで報道され、注目を集めることになる。同社の社長は、そうした報道に対する不快感をにじませつつも、賃上げ声明を出すなどの対応を余儀なくされた。

また、オーガナイズは伝統的な労働組合との協働も視野に入れ、労働組合に対して積極的な利用を呼びかけてもいる。提案しているのは、ツールとして果たしうる次の3つの可能性である。

①モチベーションツール（賃金や福利厚生など、組合員の関心事項について行動を起こすツールとして使う）、②連帯構築ツール（コアな活動家を超えて連帯を広げるため、ユニオンハブを通じて連絡を取り合える幅広いネットワークを構築する）、③組織化ツール（キャンペーン参加者に組合への加入を呼びかけることで、従来より多くの人々にアプローチする）。オーガナイズは、労働者の声を伝えるプラットフォームであり、労働者が集団で今後の進路を決定できる力を構築するための「補完的なツールの1つ」になることを望むという立場を表明している。このような取り組みは、まさに、つながりを編むためのヒントとなりそうである。

フリーランスを保護する協定

イギリスの組合はこれまで、脆弱な働き手が「労働者（employee）」または「就労者（worker）」にあたると主張し、労働法の保護を勝ちとるための裁判を積み重ねてきた。その一方で、そのどちらにもあたらない働き手を、自営業としての契約形態を維持しながら、労働者と同様の一部の権利を保障するような自主的協定を締結する動きが見られる。

例えば、ヘルメスという配送業を営む会社（現在は、エブリと社名変更）が、その配送を担当する自営業配達員について、イギリスの主要産別一般労組であるＧＭＢと締結した協定が一例である。もともとＧＭＢは２０１８年６月に雇用審判所から一部の自営業配達員について「就労者」と認める審判を勝ちとり、訴訟をいっそう拡大しようと予定していた。しかし、控訴したヘルメス社との間で「ギグ・エコノミーのための画期的な合意（協定）」に至ったことで、２０１９年初めに訴訟を取り下げることにした。

この協定では、新たな「自営業プラス」というカテゴリーを設け、当初はそれまでの自営業配達員からの希望制の転換とし、その後は新規契約者全員がこのカテゴリーで契約を締結するようになっている。この自営業プラスに関する協定は、３つの主要な要素で構成される。

第一に、ヘルメスはＧＭＢに、自営業プラス配達員を代表する正式な権限を認めた。そして、階層的な協議・交渉の場として、全国合同交渉フォーラム（ＪＮＮＦ）、全国合同協議フォーラム（ＪＮＣＦ）、各地域に地域・部門別協議フォーラム（ＲＤＣＦ）が設けられた。ＪＮＮＦはヘルメスの上級管理職とGMB交渉担当9人で構成され、毎年1回会議を開き、賃金と休日制度の変更について交渉する。JNCFの構成はJNNFと同じであるが、開催は四半期ごとで、配達員の日常業務から生じる問題について議論と解決を図り、RDCFから上がってきた契約に関する紛争を解決する。RDCFは、ヘルメスの各地域の現場責任者と、ローカルのGMB職員・代表者を含む地域レベルの機関であり、毎月開催され、現場の紛争解決と、より高いレベルのフォーラムに提起されるべき問題の特定を担う。さらに、この協定においては、GMB代表者の施設利用、組合主導の安全衛生監査体制、組合勧誘を目的とする配達員へのアクセス権の付与など、組合の影響力を確保するための関連規定が含まれている。

第二に、自営業プラス配達員には、最低時給が保証される。新たな契約上、配達料金やボーナスなどの支給は、各支払期間において25歳以上の成人の法定最低賃金と同等かそれ以上と定められた。これにともなって、それまで現場マネージャーの個人的な裁量で行われていた支払いやインセンティブボーナス付与も、自動化された。

第三に、有給休暇の権利保障である。法律上、自営業者には有給休暇の権利は保障されていないが、自営業プラス配達人には年間28日の有給休暇が確約される。さらに、配達員が少なくとも4週間前までに休暇を予約できるようなオンラインシステムが開発された。これは同時に、新たに発生したブランクに他の配達人を募集するシステムとしても機能する。

このような取り組みに対しては、完全に自発的な協定にすぎず、法的な効力のバックアップがないため、制度的な安定性に欠けるという批判もある。たしかに、これらの協定内容は法律によって直接強制されたり、違反について監督や罰則が及んだりするようなものではない。しかし、実体面で既存の法的な保護と同等の内容を保障するだけでなく、重層的で継続的な紛争解決の枠組みを構築している点で注目される。こうした工夫によって、労働組合が過去の紛争だけでなく、将来的に発生する問題に関わり続けることができるからである。

6 つながる集団を支えるために

これまで見てきたような現状と課題、将来への展望を、階層構造として整理したのが**図表5-2**である。4つの面は、労働市場という自助の場、家庭という自助の場、労働組合という互助・共助の場、社会保険という公助の場を示し、それぞれの場面において、中央にいくほど強いセーフティネット構築力をもつ者を配置している。

このような構造を前提に、脆弱な働き手が自らつながり、集まってセーフティネットを編んでいくためには、少なくとも3つの側面からの後押しが必要になるだろう。私的生活時間を確保できるような法整備、労働組合法制の見直し、労働組合自身の変革である。そして、公助としての社会保障の拡充がこれらを下支えすることが望ましい。

私的生活時間確保の試み

　固定化した性別役割分業を是正し、ケア責任のより公平で柔軟な分担を可能にしながら、労使自治の基盤をやしなう余裕を生活のなかにつくることは、自前のセーフティネットを編めるようにする前提として必須である。こうした方向性は、労働者の家族をケアする行為を、法理念としての個人の重要な権利と位置づけることにもつながる。[16]

　これまで、日本の長時間労働問題は、主に生命維持や健康に焦点を当てて対策がとられてきた。しかし、労働時間

16 緒方桂子「西谷自己決定論とフェミニズム、そしてケアの権利」『労働法律旬報』1999+2000号、2022年、p.40.

図表5-2　セーフティネット構築力の階層構造

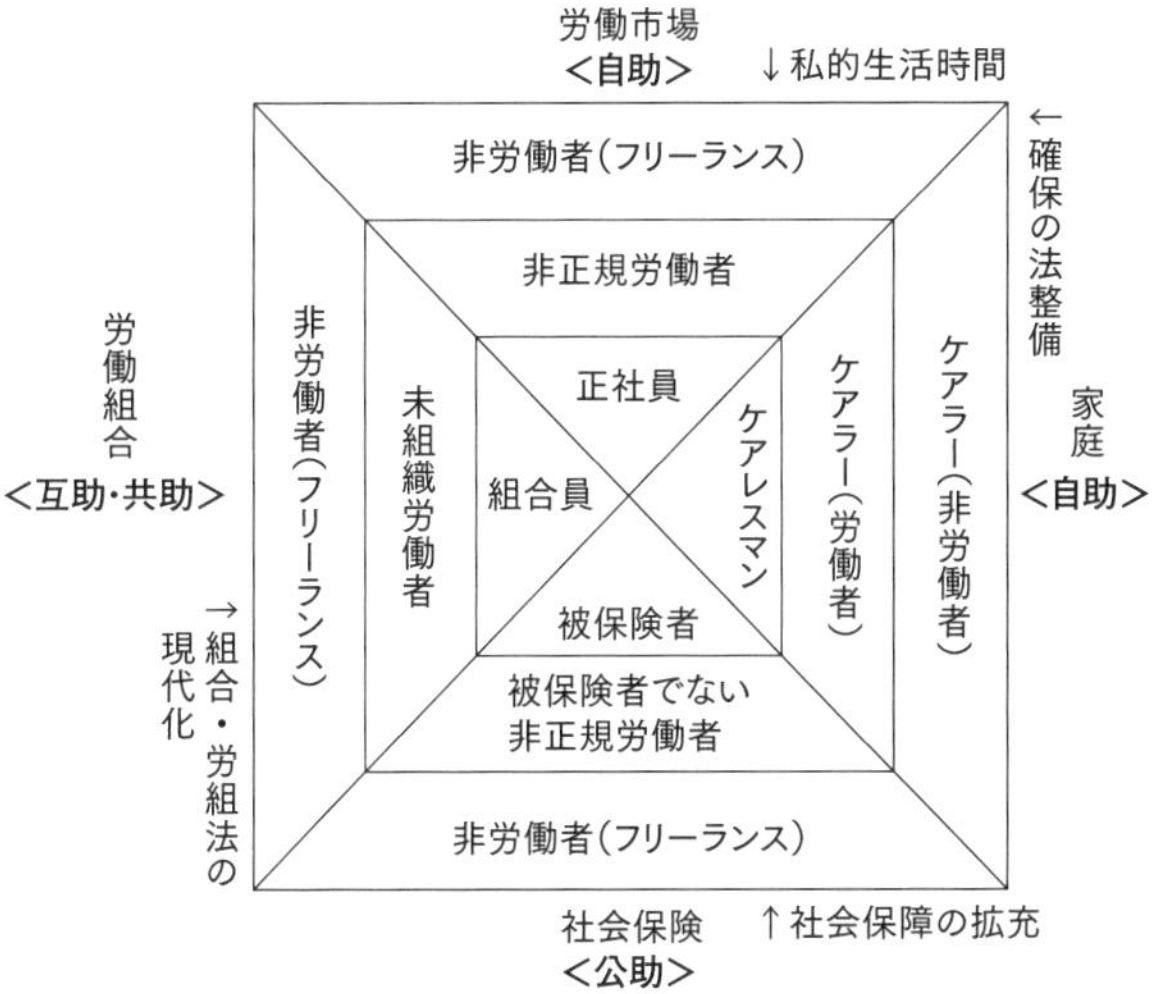

の裏側は、家庭生活や社会生活を営む生活時間であり、生活時間には休息や家事育児など個人・家庭の生活を営む時間だけでなく、社会にコミットする社会生活時間も含まれるはずである。[17]アメリカの労働時間規制の展開においては、労働者が社会的・政治的諸問題を考える時間や、その前提となる教養を得るに必要な時間が許されないことが長時間労働の問題点だと考えられてきたという。２０１９年に努力義務として導入された勤務間インターバル制度（終業時刻から次の始業時刻の間に一定時間以上の休息時間を設ける制度）を拡充させることも重要である。また、生活時間はまとめてとることができないという性質に着目すれば、例外のない１日単位の最長労働時間規制を設けたり、時間外労働は生活時間の侵害と見て、時間での清算（時間外労働と同等の休暇請求権を発生させること）の原則化も有効かもしれない。

他方で、低賃金ゆえの長時間労働に陥らないよう、最低賃金引上げなどによる賃金の底支えも欠かせない。また、ＩＣＴ（情報通信技術）が発展することで、リモートワークなど職場に縛られない働き方も広まりつつある。労働者の自己決定や働き方の自律性を尊重するためには、健康や生活時間確保という目的における労働時間の規律と、賃金支払の規律との関係をより緩やかなものとすることも選択肢となる。

そのほか、これまで使用者が過重な長時間労働をさせた場合には健康配慮義務違反が問題とされてきたが、たとえ健康を害するような事態に至らなくとも、長時間にわたる時間外労働命令が貴重な私的生活時間を奪っていること自体が権利侵害と解釈する方向性もありうる。同様に、これまで使用者に幅広く認められてきた配転命令権についても、標準世帯モデルの変容や技術革新といった社会の変化を考慮に入れ、使用者の裁量の範囲を見直して権利濫用をより厳しく判断することが考えられる。

私的生活時間というベースから、自分と家族へのケア責任を果たしたうえで自治や連帯へのつながりを編む余裕が生まれることが期待される。

労働組合法制の見直し

労働組合法制の見直しは、労働組合が多様な働き手を包摂する集団となるための改革を目指す。それには、組合内部の意思決定の公正さを担保する仕組みや、職場の公正代表としての役割や義務を果たせるような制度づくりが必要になる。現行の労組法は、例えば管理職の加入を認めておらず、使用者からの便宜供与も原則として禁止している。これらは使用者に対抗するための組織的一体性や独立性にとっては重要な仕組みである一方、組合が多様性を高める妨げにもなる。

労働組合の多様化を見据えてさまざまな利害調整を可能とするには、これまで積み重ねられてきた労働組合法の解釈と矛盾しないよう慎重を期しつつも、労使自治の実質化という文脈で使用

17　連合総研『生活時間の確保（生活主権）を基軸にした労働時間法制改革の模索　今後の労働時間法制のあり方を考える調査研究委員会報告書』2022年、p.5.

者との相互協力関係を位置づけ直さなければならない。組合にとっても、単なる多数決ではなく、多様性を反映するような内部の意見集約が必要となる。法は、そうした労働組合の自発的な取り組みを促進し、尊重する役割を担うべきである。

同時に、労働組合が実質的に労働条件の決定や変更に関与する力を強める必要がある。現在は、使用者の就業規則変更に対して、過半数を組織する組合であっても意見聴取の対象という受動的な役割しか担っていない。しかし本来は、就業規則の作成変更は労働条件に連動するのであるから、これを「労働条件変更」の問題として義務的団交事項と位置づけ、団体交渉を求められるようにすることも提唱される[18]。

さらに、労働組合の組織化において現在の労組法が想定しているのは、「労働者」が主体となる組織である。また、不当労働行為制度上も規制されるのは「使用者」の行為であって、実際に救済されるのはすでに労使関係がある場合だけである。保護対象となるのは労働組合だけであり、過半数代表者や市民団体などの関連諸団体の活動は視野に入っていない。これからは、集団のなかの個人の権利の尊重、他方では組合の外にひろがる仲間との連携という、中と外の両方への視点が重要になる。

ひらかれてつながる集団へ

そして、労働組合自身に必要な変革は、同質性への依拠を捨て、より多様性を包摂する枠組みをつくるために舵を切ることである。批判はあるとはいえ、多様な働き手の声を集め、情報を共有・提供できそうな集団は、現状では労働組合しか見あたらない。構成員のための組織という枠を超えて、狭義の労働協約に限らず、使用者との間で具体的な権利保護のためのパッケージを提供し、交渉などに関する知識やスキルを提供し、働き手のプラットフォームになることもできるはずである。場合によっては、そのなかの小さなグループが労働組合となるための組織化を支援することで、組織の強化にもつながっていく。

また、団体行動についても、今日機能しにくいストライキにこだわる必要はない。現代的な文脈に即して、企業を超えた多面的な団体行動を模索してはどうだろうか。顧客や利用者と連携した社会的団体行動、例えば福祉や医療の領域においてサービス利用者と連帯して団体行動をすることも視野に入れられる。[19] これまでに蓄積した情報やネットワークを駆使し、かつ労働組合にしか認められていない法的保護の枠組みを最大限に活用すれば、セーフティネットは確実に広がっていく。既存のセーフティネットからこぼれ落ちる働き手を包摂し、真のつながりを実現する一歩を踏み出すときである。

18 道幸哲也「集団法からみた就業規則法理（下）」『労働法律旬報』1871号、2016年、p.43.
19 道幸哲也・前掲5論文、p.128.

第6章

ドイツの事例に学ぶ

――「限界ギリギリのデリバリー運動」とは

後藤究

はじめに
逆境を乗り越える若者たちから学ぶべきこと

新型コロナウイルス感染症の感染拡大によって、我々はこれまで当たり前のようにできていた他者との接触・交流の機会を大幅に制限せざるを得なくなった。このような事態を前に、孤立感や不安を感じた者も少なくないはずだ。筆者自身もその1人である。新型コロナウイルスが各国で猛威を振るい始めた2020年3月当時、筆者はドイツに留学しており、このときに経験した外出制限・接触制限措置を忘れることができない。ただでさえ友人・知り合いがそう多くない異国の地で生活を送っていた中で外出制限・接触制限措置を受け、途方に暮れたこともあった。しかし他方で、これは他者とのつながりや連帯のあり方・重要性を改めて認識させる出来事でもあった。

極めて個人的な経験を引き合いに出してしまったものの、この経験を1つの原動力として、以下では、本書の意図に沿う形で、困難な状況下にある働き手たちの「集団・つながり」のあり方や重要性、あるいは、その可能性について、今改めて示すことができるような文章を記してみたい。

言わずもがなではあるが、働き手自身が「集団・つながり」をつくり、それを通じて、働くうえでの課題を自ら主体的に解決することは極めて重要である。もちろん、「集団・つながり」さえあれば、働く人々の抱える課題をすべて解決できるわけではない。構造的ないしは労使間の力関係的に見て、労使自治が十分に機能し得ないため、国家や政策対応に依存せざるを得ない部分もあるはずだ。しかし、そのような状況下でも、働き手が第三者（国家や世間一般）に対して自分たちの抱える課題を気付かせる・共感を抱かせる、ひいては政策対応を求めることを目的として、集団・つながりを通じて「声を上げる」ことの重要性は否定できないのではないだろうか。

このように、本章は困難な状況下にある働き手たちが

「集団・つながり」をつくり、それを通じて自ら主体的に課題を解決すること、あるいは、第三者に向けて声を上げることの重要性を示そうとするものであるが、その際に、ドイツの新たな労働運動として話題を呼んだ「限界ギリギリのデリバリー（Liefern am Limit）運動」から何らかの示唆を得ることができるのではないかと考える。

この運動については、以下で詳述していくこととするが、あらかじめ概要を紹介しておく。これは、ドイツで活動するフードデリバリービジネス型プラットフォームの最大手であるリーフェランド（Lieferando）の下で働くワーカー（配送ライダー）たちを中心とする労働運動である。彼らが自称する「限界ギリギリのデリバリー運動」という名前が端的に示すように、もともと厳しい就労環境の下に置かれていたライダーたちが自ら運動を立ち上げ、その成果として、職場内での労働条件改善（例えば、ライダーたちの無期雇用化・従業員代表制度を通じた職場環境の改善）や一部の政治家・世論による共感を勝ち取ってきた。

本章においてはまず、このドイツの新たな労働運動の全体像を概観することとしたい。すなわち、①ドイツのフードデリバリープラットフォームで就労する配送ライダーたちが、いかなる経緯でこの運動を立ち上げたのか（過去）、②同運動はいかにして、またどのような成果を勝ち取ってきたのか（現在）、③将来何を追求しようとしているのか（未来）の3点を整理したうえで、この運動が示唆する働き手の「集団・つながり」のあり方を検討していくこととする。[1]

1 以下で記す同運動の詳細については、章末に記している参考文献・参考資料、同運動のHP、Facebook上の投稿記事のほか、運動の立ち上げ人の1人であるオッリー・ミッテンマイアー（Orry Mittenmayer）氏及び同運動のサポート役を務める産業別労働組合「ドイツ食品・飲食・旅館業労働組合」（Gewerkschaft Nahrung-Genuss-Gaststätten: NGG）の担当者クリストフ・シンク（Christoph Schink）氏へのオンラインヒアリング（2022年6月16日実施）から得られた知見に基づいている。ヒアリングにご協力いただいたお二人には、ここに心からの謝意を表したい。

1　運動はなぜ生まれたのか

厳しい就労環境に置かれていたライダーたち

「はじめに」で述べた成果から見ても、この運動の動向は興味深いものといえる。だが、運動のさらなる特徴としては、第一に、働き手の孤立化・個別化の問題が際立つプラットフォームワークという就労形態において、「つながり・集団づくり」に成功している珍しい例であることを指摘できる。第二に、運動の担い手自身が「ドイツ全土やヨーロッパでも、多くの点で尊敬を得る運動にまで発展した」と自負するように、ドイツ国内外においても注目を集めている。

このような運動の担い手の自己認識からすれば、今日のこの運動は相当程度成熟・発展したものと評価することが可能であろう。しかし、この運動の歴史は意外にも浅く、2018年の初頭に本格的に立ち上げられたものであった。しかも、立ち上げ当初は「絶望的な行為として始まった運動」であった。

この運動の立ち上げ前後に、彼らはどれほどの「絶望」の下に置かれていたのであろうか。この運動を立ち上げたライダーの1人であるオッリー・ミッテンマイアー氏は、2020年11月23日にドイツ連邦議会で開催された「場所的拘束のあるプラットフォームワーク及びかかる拘束のないプラットフォームワークにおけるギグワーカー、そしてクラウドワーカーのための良質な労働と社会的保障（Gute Arbeit und soziale Sicherheit für Gig-Worker und Crowd-Worker bei der ortsgebundenen und ortsungebundenen Plattformarbeit）」を議題とする専門家公聴会に有識者の1人として招集されており、その中で当時の状況を次のように振り返っている。

私は、2015年から16年ごろにかけて、当初はフードデリバリープラットフォームであるフードラ（foodora）の下でライダーとして少しの期間働いており、その後、同業他社のデリバルー（deliveroo）で働くことになりました。2018年の初頭、私はデリバルーに最初に設置された事業所委員会の代表（従業員代表）に選出されました。しかし、デリバルーは、我々が当時結んでいた有期労働契約を更新せず、フリーランサーとしての就労形態を強いることで、労働組合による組織化や民主的な共同決定を妨げてきました。（略）

当時、デリバルーでは連邦全土で数千人のライダーが働いていたものの、ライダーたちはいわゆる「フリーランス」としての契約関係か、または、6カ月を期間とする有期労働契約関係の下にありました。この2つの就労形態には、以下5つの共通点がありました。

第一に、プラットフォーム独自のアプリを使うことで、ライダーたちは常に、また、包括的に監視を受けていました。そして、こうした監視によって、ライダーたちは、常に「できる限り早く料理をデリバリーしなければいけない」という相当のプレッシャーにさらされており、また、位置情報の追跡を受ける状況にありました。

第二に、フードデリバリーに要する配送用ボックス（サーモボックス）などのあらゆる作業用品はライダー自身が調達し、経費を負担しなければなりませんでした。（略）ライダーたちの労働は常に自腹の出費を伴うものであり、他方で、デリバルーがこれらの経費を負担してくれることはありませんでした。

第三に、ライダーたちには、アルゴリズムを通じて仕事を割り当てられることになっていたものの、アルゴリズムに対して、ライダーたちが直接的な影響力を行使することはできませんでした。デリバルーのアプリを介したこうしたアルゴリズムの仕組みは、ライダーたちの私物の携帯電話へのアクセス権限をデリバルーに認めることを強いるものであり、このアクセス権限は、デリバルーがライダーの携帯電話に含まれる私的な情報まで見ることができるものでもありました。

第四に（略）、ライダーたちはお互いに孤立した状態で大都市の中でデリバリーを行っており、そのため、一人ひとりが完全に自力で行動する状況にありました。基本的に、こうした状況は労働組合へのアクセスや組織化を困難とするものでした。（略）

第五に、フリーランス就労や有期労働契約のいずれにおいても、報酬はごくわずかでした。ライダーたちは、作業用品を自ら負担しなければならなかったため、実質的には賃金が引き下げられているようなものでした。そして、このような低賃金によって、必要な生活費を捻出できないぐらいの危機を何度も経験したライダーも少なくありませんでした。まさにこうした事情の下で、ライダーたちは労働不能の状況にある場合（例えば、インフルエンザや風邪にかかり、あるいは負傷した場合）においても、常に、できる限りたくさん走行しようとしていました。例えば、住まいを失わないようにするために、ライダーたちは自らの健康を危険に晒していたのです。

フリーランスと有期労働契約の2つの就労形態の重要な違いとしては、フリーランサーの場合には、明らかに最低賃金を下回る賃金しか支払われず、また、労働法上の保護を享受できず、民主的な共同決定の権利も持っていないということがありました。個人自営業者として扱われたライダーたちは、労働者について労働法が規定しているような保護の及ぶ可能性がない「権利を奪われた（entrechtet）」者同然の状況にありました。フリーランサーたるライダーたちは、少なくとも、理屈のうえでは仕事の依頼を断ることができました。しかし、そうすると、依頼を断ったライダーたちは短時間でアルゴリズムのフィルターにかけられ、特に酷い条件の仕事しかもらえなくなるか、それどころか、プラットフォームでの仕事を打ち切られることもありました。

こうして、デリバルーは、どんな依頼であっても引き受け、また、採算を考慮してはならないというようなプレッシャーを個人自営業者のライダーに与えてきたのです。

1つのケースを例に挙げましょう。平均的なライダーの場合、注文内容や仕事の内容にもよりますが、1件の依頼を遂行するために45分から50分を要します。フリーランサーたちは、依頼1件あたり5～6ユーロ（手取り額）稼いでいましたので、彼らの平均的な報酬は、実際に1時間ごとに1件の注文が入るという条件の下でも、最大で時給6ユーロ程度でした。しかも、仕事の発注が2時間に1件しかないといったような酷いこともかなりありました。このような場合には、フリーランサーの報酬は最大でも時給3ユーロにしかなりません。（略）

デリバルーは、2017年の冬以降、有期労働契約のライダーたちをフリーランサーとしての就労形態に変更することを強制し、事業者が負担すべきリスクやコストを完全に個人自営業者に転嫁しました。このような戦略によって、デリバルーは2018年の夏には事業所委員会を解散させ、ライダーたちは保護のない恣意的な決定の下に晒されることとなりました。

戦略的にSNSを活用する

このような絶望の下で、ミッテンマイアー氏ら、当時デリバルーやフードラの下で働いていたライダーたちは「限界ギリギリのデリバリー運動」を立ち上げることとなる。

ミッテンマイアー氏らは、手始めに、他のライダー仲間とともに、通話アプリ（WhatsApp）内で意見交換のためのグループを立ち上げた。このグループが運動の出発点となるわけであるが、当時、グループに加入していたのは、ミッテンマイアー氏を含め、わずか5名しかいなかった。しかしその後、彼らは街中で出会ったライダーたちを勧誘したり、FacebookなどのSNSツールを駆使することで、大きく仲間を増やしていくこととなる。WhatsAppグループの立ち上げからわずか3カ月後には、このグループは当初の10倍近くのメンバーを抱えるほどになっていた。

この間、彼らが行った仲間づくりの取り組みの一例を見ていくと、同運動のFacebookページ上の最初の投稿（2018年2月6日）として、次のようなメッセージが残されている。

このページにアクセスしてくれて、ありがとう。きっと君たちは僕たちのことを知らないことだろう。あるいは、街中で僕たちを見かけたことがあるかもしれないし、たぶん、僕たちは美味しい料理を背負って、すでに何度か君たちの家の前に立っていたこともあるかもしれない。そう、僕たちデリバルーやフードラのライダーたちにとっては、君たちがワクワクした目で僕たちを見てくれることが嬉しいんだ。だから、僕たちは自分たちの仕事を愛しているんだ！

そのような状況が続くよう、そして、さらに仕事に喜びを感じられるようにするために、僕たちはフードラで組織づくりを進め、事業所委員会を設置した。今はデリバルーでも共同決定の仕組みを導入したいと考えている。というのも、デリバルーやフードラの背後にあるものすべてがきらびやかというわけではないからなんだ。僕たちはいま、時給9ユーロで仕事をしている。しかし、そこから、自転車の修理費用や携帯電話の費用、そして、装備費用が引かれていく。冬は特に自転車に乗るのは凍えるほど寒いし、ブレーキも機能しなくなる。僕たちが自転車を修理している時間については全くお金が払われない。いま、正直に言おう。これでは誰も生きていけない。

既に述べたように、僕たちはこの仕事を愛しているけれども、唯一、こうした労働条件だけは愛していない。そして、この状況に対して、僕たちはアクションを起こしたい。そのために、「いいね！（Like）」ボタンを押したり、このページを第三者にシェアしたり、あるいは、この活動を第三者に話すことで僕たちをサポートしてほしい。

特に、こうしたＳＮＳの活用は（今もなお）彼らの運動の特徴といえるが、ミッテンマイアー氏は、戦略としてＳＮＳを活用するに至った経緯を次のように語っている。

まず、我々はデリバルーの動きを観察した。デリバルーは多くのマーケティングを行い、多くのソーシャルメディアを利用している。我々は、デリバルーよりも多くの、また良質なリソースを利用すれば、より良く活動することができると考えた。そして、デリバルーが持つ武器を使って、彼らを叩こうと考えた。我々はそこでプラットフォームを立ち上げた。当初は、単に、世間の注目をデリバルーに向けることだけを考えていた。

しかし、これはいい意味で裏目に出た。つまり、我々は多くの連帯を得ることができ、また世論からの賛同や我々の発言に対するマスコミの強力な反響を得ることができた。（略）我々は、自分の労働状況や労働関係について報告することを望むすべての者に対して匿名のプラットフォームを提供しようと考えた。また、それだけではなく、使用者からの報復措置を受けることを不安視して、これらの労働状況について話すことができないすべてのライダーたちのために、窓口を提供したいと考えた。それ以来、我々は定期的に労働条件や事件について報告を行い、また、少しばかり世論の注目を集めようと試みてきた。

産業別組合の支援を得て

こうして、配送ライダーとしての自らの就労条件・就労環境についての不満や不安を抱える者を徐々にメンバーとして取り込むことによって、それらの改善のための運動の土台が築かれていくこととなった。しかし、ミッテンマイアー氏をはじめとするこのグループのメンバーたちは、当初から労働運動についての経験・知識を有していたわけではなく、それどころか、「労働組合とは何であるのか」を知らず、また、「なぜ、労働組合というものが存在するのか」ということすら認識していないような若者たちであった。

こうした状況からすれば、グループメンバーを集めたとはいえ、限界ギリギリのデリバリー運動は、肝心の「どうすれば自分たちの就労条件・就労環境を改善することができるのか」という問いへの答えを知らなかったともいえる。しかしその後、1人のグループメンバーが「労働組合というものがある」という提言をしたことで、状況は少しずつ変化していく。このグループは若者中心で結成されたためであろうか、「思い立ったが吉日」のごとく、彼らは「労働組合が何であるのか」を単純に知りたいと思い、すぐさま労働組合に足を運ぶことになる。

このとき、彼らがコンタクトをとった労働組合はドイツ労働組合総同盟（ＤＧＢ）傘下のＮＧＧ（Gewerkschaft Nahrung Genuss-Gaststätten：ドイツ食品・飲食・旅館業労働組合）であった。ＮＧＧについて簡単に紹介しておくと、同組合のルーツは、１８６５年にライプツィヒで結成されたたばこ工場で働く労働者の団体とされており、１５０年以上の歴史を持つドイツ最古の産業別労働組合といわれている。ＮＧＧの現在の組織対象は、その名前の通り、食品・飲食・旅館業やたばこのような嗜好品生産に関わる業種で働く労働者であり、20万人近くの組合員を抱えている。最近では特に、バーガーキングやマクドナルドなど、比較的低賃金の移民労働者が多い企業でも一定程度の組織化を進めてきた。

さて、ＮＧＧはミッテンマイアー氏をはじめとする限界ギリギリのデリバリー運動のメンバーたちにどう応接したのか。ミッテンマイアー氏曰く、ＮＧＧは彼らメンバーを受け入れ、教育訓練を施し、さまざまな対応を順序立てて行ってくれたようである。特に、ＮＧＧが自らの経験をもとに、配送ライダーたちのために、デリバルーやフードラにおける従業員代表制度（事業所委員会）を立ち上げるためのサポートを行ったことは極めて重要であった。

ライダーたちにとって事業所委員会を設けることは、それによって、勤務計画（シフトの組み方）や技術的な装備（例えばアプリやアルゴリズム）の導入・変更、プラットフォーム上からの排除（解雇）が問題となる場面での共同決定や意見表明を行う権利を有する、あるいは、従業員代表としての事業所委員会メンバーが解雇から特別に保護されるという点で、非常に重要な意味を持つものであった。

そして、前述したミッテンマイアー氏の発言にもあるように、その後（2018年2月頃）、限界ギリギリのデリバリー運動のメンバーは、NGGの指導・支援の下で、メンバーたちが活動の拠点としていたケルンで、デリバルーとしては最初の事業所委員会を立ち上げるなどの成果を積み重ねていくことになる。[2]

もっとも、事業所委員会の立ち上げに成功した後も多くの困難が待ち構えていた。ミッテンマイアー氏はその後に自らが経験したことを次のように語っている。

デリバルーのような企業で事業所委員会を実際に設置しようとすると、それは戦争のようなものであった。デリバルーの約8割の従業員が事業所委員会の設置に賛成票を投じたその後、デリバルーはライダーたちとの有期労働契約をフリーランスの契約へと切り替えた。このような対応によって、ライダーたちは、もはや（労働者としての）権利や請求権、民主的な共同決定の機会を失うことになった。デリバルーはこうして我々を分裂させようとしたのだ。

2 デリバルーやフードラは、当初、ライダーたちと有期労働契約を締結しており、彼らは「労働者」として、従業員代表制度に関する法規制（事業所組織法：Betriebsverfassungsgesetz）をはじめとする労働法の保護の下に置かれていた。

しかし、こうした「報復措置」を受けても、限界ギリギリのデリバリー運動のメンバーたちが屈することはなかった。彼らは、ここでもNGGのサポートの下でデリバルーの対応に抗議するとともに、成果を収めてきた。この間のNGGのサポートについて、ミッテンマイアー氏は次のように語っている。

我々ライダーが本当に実感しているのは、NGGが豊富な経験を持っているということだ。我々が不安になったときには、NGGは「落ち着くんだ。使用者なんて、まあそんなもんだよ。君たちが集中すれば、なんとかなるよ」と言ってくれた。（略）そして、彼ら（NGG）は我々を見下すことなく、サポートをしてくれた。NGGは提言を示してくれたが、それを実行したいかどうかの判断は我々に委ねてくれたのだ。

配送用ボックスを利用した宣伝活動の一例
出所：「限界ギリギリのデリバリー運動」のFacebookページ、2018年4月4日の投稿より（NGG提供）

他方で、限界ギリギリのデリバリー運動との接触や運動メンバーの試み（通話アプリやSNSを通じた情報発信・メンバーの獲得など）はNGGにとっても示唆的だったようである。この間、

ＮＧＧは限界ギリギリのデリバリー運動のメンバーを正規の組合員として組織化するとともに、若い彼らのアイデアを汲み取りながら、より多くのライダーたちの組織化・仲間づくりを進めるために、他のライダーたちの目に留まるような形で、街中での広告・宣伝活動を行ってきた。

一例を挙げれば、ＮＧＧと限界ギリギリのデリバリー運動メンバーは、ライダーたちが実際に使用していた配送用ボックス（サーモボックス）に組織化のための宣伝文を書き、それを街中の多くの人の目に留まりやすい場所に設置するという取り組みを行ってきた。

さらに、ＮＧＧと限界ギリギリのデリバリー運動メンバーは、共通のオフィスが存在しないことから、相互交流の機会を有しないライダーたちのために、自転車修理・メンテナンス用の「修理カフェ（Repair Cafés）」を設け、そこに立ち寄ったライダーたちとの交流や労働組合による組織化の必要性を説明するなどの取り組みも進めてきた。

政治・世論へのアピール

ＳＮＳの活用は限界ギリギリのデリバリー運動の重要な戦略の1つであり、これについて、ミッテンマイアー氏は「我々は多くの連帯を得ることができ、また、世論からの賛同や我々の発言に対するマスコミの強力な反響を得ることができた」とも述べている。こうした世論やマスコミの反響の大きさも影響したためであろうか、同運動には、次第に政策担当者も関心を抱くようになった。

いち早く、この運動へのサポートを表明したのは左派党（Die Linke）であり、２０１８年3月1日にザーラ・ヴァーゲンクネヒト（Sahra Wagenknecht）左派党連邦議会議員団長（Fraktionsvorsitzende）らの署名入りの「連帯宣言（Solidaritätserklärung）」を発出して以降、同党は運動メンバーとの交流を維持している。ちなみに、この宣言は次のようなものであった。

親愛なる仲間たちへ

デリバルーが共同決定という君たちの善良な権利を許容しようとしていないことを、我々は怒りをもって知ることになった。これはスキャンダルであって、受忍することはできない！

残念ながら、事業所委員会に対する法状況は依然として不十分である。まさに、多くの有期労働者を使用する企業（略）において、企業が法律上規定された共同決定の仕組みを回避することは容易である。しかし、君たちは事業所委員会選挙を成し遂げた。そのことについて、我々は心からの称賛を送りたい！

デリバルーがいま、すべての有期労働契約を雇い止めにし、そして、フリーランサーだけを使用したいと考えていることは、法律上の共同決定を回避するための明らかな策略である。労働者なくして事業所委員会もない。そして、フリーランサーは雇用されるライダーたちと同じような仕事を遂行しているのである。このようなモデルの下では、経営陣以外のすべての者が敗北を見ることになる。他方、経営陣はライダーたちの労働条件を気にかけることなく、自らが望むように、引き続き、好き勝手をすることができる。

我々は、事業所委員会をより適切に保護し、そして、安定的かつ期間の定めのない労働契約を保障できるようにするために、連邦議会においてできるすべてのことを行おう。企業がフリーランサーを代替的に使用することによって自らの義務を免れ、労働者たちの共同決定の権利を否定するようなことがあってはならない！

君たちの戦いに対して、我々は君たちのより一層の強さと勇気、そして持続力を祈っている！

連帯の意を込めて

その後、左派党に続く形で、社会民主党（ＳＰＤ）や同盟90／緑の党（Bündnis 90/Die Grünen）も彼らの運動に対するサポートを約束している。一例として、２０１８年5月のドイツ労働組合総同盟（ＤＧＢ）の会合において、限界ギリギリのデリバリー運動の中心メンバーであるザラー・ヨッフマン（Sarah Jochmann）氏とミッテンマイアー氏が社会民主党所属の連邦労働・社会大臣であるフーベルトゥス・ハイル（Hubertus Heil）氏と懇談するなどの交流が見られた。

さらに印象的な出来事として、限界ギリギリのデリバリー運動のメンバーが活動拠点としていたケルンのあるノルトライン＝ヴェストファーレン（NRW）州の労働・健康・社会大臣兼キリスト教民主労働者総同盟（Die Christlich-Demokratische Arbeitnehmerschaft: CDA）[3]の連邦代表（Bundesvorsitzender）であるカール・ヨゼフ・ラウマン（Karl-Josef Laumann）氏が運動メンバーの声を受け、デリバルーをはじめとするフードデリバリープラットフォームを次のように批判する声明を発している。

ドイツにおけるフードデリバリー業界の現状は悲劇的なものである！　事業所委員会の設置に対して、報復措置や不利益取扱いが結び付けられてはならない。ドイツの共同決定のルールはデジタル化された労働

懇談するヨッフマン氏（中央左）、ミッテンマイアー氏（中央）とハイル大臣（中央右）
出所：「限界ギリギリのデリバリー運動」のFacebookページ、2018年5月17日の投稿より（NGG提供）

世界にとっても重要なものである。成長し、また、成功を収めているこれらの企業は、自らの従業員をそうしたルールの下に置くことを学ばなければならない。ライダーたちが仕事終わりにテーブルサッカーや1杯のビールを楽しみ集うことができるとしても、それが事業所委員会の代わりになるわけではない。つまるところ、これはライダーたちの生計に関わる問題なのである。

スタートアップ企業の現場において、事業所委員会を設置することがネガティブなものとして捉えられていることを私は憂慮している。起業文化は大いに結構なことである。しかし、そのコストを従業員に転嫁してはならない。労働世界のデジタル化が成功を収めるために、プラットフォーム・エコノミーが共同決定のルールを回避することがあってはならない。

限界ギリギリのデリバリー運動の担い手たちは、ドイツの共同決定文化のための強力なシグナルを発信している。彼らは事業所委員会を設立する際に妨害を受けている多くの労働者のために戦っている。我々キリスト教民主労働者総同盟（CDA）は彼らの取り組みを支援する。我々もまた、事業所委員会を設置する際に、ライダーたちをより良く法律で守れるようにするために尽力しよう。

3 CDAは中道右派政党であるキリスト教民主同盟（Die Christlich-Demokratische Union Deutschlands: CDU）傘下の団体であり、社会政策を重点テーマとして活動している。ラウマン氏は2005年以降、CDAの連邦代表を務めている。

こうした限界ギリギリのデリバリー運動の取り組みが社会的にも認知・賞賛されたことを示すその後の出来事として、2019年4月には、ミッテンマイアー氏を中心とする運動の立ち上げメンバーに対して、ケルン市から「労働条件・生活条件の改善に尽力した者」の功績を称える賞である「ハンス・ビュックラー賞（Hans-Böckler Preis）」が授与されている。なお、ハンス・ビュックラー氏はDGBの初代会長であり、ケルン市の名誉市民でもある。ここで特に称賛されたのは、彼らがフードデリバリーという新たな領域において事業所委員会をつくるために尽力し、また、クリエイティブな形でのSNSの利用によって、プラットフォームワークという新たな現象に対する世間の多くの注目を集め

ケルン市長のヘンリエッテ・レカー（中央）らとハンス・ビュックラー賞授賞式に参加する限界ギリギリのデリバリー運動のメンバーたち

出所：「限界ギリギリのデリバリー運動」の Facebook ページ、2019年4月30日の投稿より（NGG 提供）

てきたということであった。

さらに、２０１９年9月1日に開催された、ドイツの全国紙「ディ・ツァイト（Die Zeit）」主催のイベント（Z2X-Festival）においても、限界ギリギリのデリバリー運動のメンバーの功績が評価され、メンバーは賞を獲得している。同賞は、明確なビジョンを有し、かつ、そのアイデアによって世界を変えようとしている19～29歳の若者の功績を讃えるものであり、この年のその他の受賞候補者（ライバル）の多くは、スタートアップ企業設立者たちだったようである。こうしたビジネスのフィールドで活躍するライバルを尻目に、限界ギリギリのデリバリー運動のメンバーが受賞を果たしたことも、世論が彼らの労働組合運動の功績や努力を評価したことの証拠といえるだ

Z2X-Festival授賞式にて

出所：「限界ギリギリのデリバリー運動」の Facebook ページ、2019年9月2日の投稿より（NGG 提供）

ろう。

この間、こうした政治・世論からの追い風も影響し、限界ギリギリのデリバリー運動のメンバーたちは、デリバルーやフードラの下で働くその他の配送ライダーたちを中心に積極的に組織化を進め、ケルンのほか、その他の大都市（ハンブルク、フランクフルト、ニュルンベルク、シュトゥットガルト等）でも事業所委員会を設置するなどの成功を収めていった。

2 運動のさらなる展開へ

転機としての市場の変化

しかし、その後、同運動は1つの転機を迎えることとなる。同運動の担い手の多くが働いていたデリバルーやフードラがドイツのフードデリバリー市場からの撤退や事業の売却を決定したのだった。２０１９年8月以降、デリバルーがドイツの市場から姿を消し、フードラは、２０１８年12月、同業他社であり、ドイツのフードデリバリー市場の最大手であるリーフェランドに事業を売却し、同じくドイツ市場から姿を消すこととなった。

こうして、ライバルであるプラットフォームがドイツ市場から消えたのち、最大手であるリーフェランドが一時的にドイツのフードデリバリー市場を独占するような状況が生まれることとなった。[4] こうした事情も手伝い、以降、限界ギリギリのデリバリー運動はリーフェランドの配送ライダーたち（特に、フードラやデリバルーからリーフェランドに移籍してきたライダーたち）の利益を守る方向に運動方針をシフトしていくこととなった。

運動の新たな成果

リーフェランドの下でも、配送ライダーたちは労働者としての地位を得ており、なおかつ、フードラの事業買収以前においては、リーフェランドには事業所委員会が設置されていなかったものの、当該買収（及びライダーたちの移籍）を契機に、リーフェランドにおいても、フードラの下で設置された事業所委員会が維持されている。

事業所委員会に関していえば、リーフェランドによる選挙妨害などのトラブルがあり、一部では法的紛争にまで発展していることが指摘されているが、それを除けば、限界ギリギリのデリバリー運動のメンバーたちは、従前、デリバルーやフードラの下での取り組みにおいて獲得してきた権利・利益をなおも保持しているものといえよう。

4 もっとも、現在では、ウォルト（ドイツ語読みではヴォルト：Wolt）をはじめとするリーフェランドにとっての新たなライバルが市場に登場しているため、かつてのようにリーフェランドが市場を独占する状況は解消されている。

加えて、限界ギリギリのデリバリー運動がリーフェランドに活動の軸足を移した後の重要な出来事として、2020年3月以降の新型コロナウイルス感染症のパンデミックを指摘できる。

このパンデミックを契機として、リーフェランドが多くの顧客・利益を獲得した一方で、配送ライダーたちの業務負担は激増し、彼らは、多いときで、1日数十人の顧客やレストラン従業員と接触するなど、感染リスクに対する不安の下での就労を余儀なくされた。しかし、リーフェランドの対応策は不十分であり、一部の報道によると、リーフェランドは、ライダーたちに対して十分な衛生用品を提供せず、ライダーたち自身が自腹を切る形で衛生用品の調達や装備品の消毒を行わなければならなかったり、ひどい場合には、サーモボックスやレインジャケットなどを他のライダーとシェアすることを余儀なくされ、他人が使用した不衛生な装備品を使用せざるを得ない者もいたとされている。

しかし、こうした逆境もまた、限界ギリギリのデリバリー運動が世論の共感・同情を得る1つの重要な契機となったようである。一例として、ミッテンマイアー氏はインターネットサイト(change.org)上でリーフェランドに対する署名・請願活動を展開しており、彼はこの活動の中で、数千人のライダーたちが消毒剤や保護具の提供もなく、コロナ禍での過酷な労働を強いられていることを詳細に語ったうえで、ライダーたちの感染を防ぐための保護用品の提供をリーフェランドに対して要求している。そのうえで、彼はこの署名・請願活動の締めくくりに、次のように切実な思いを綴っている。

君たちリーフェランドは不誠実な取り組みをやめてくれ。ライダーたちは君たちの利益のために健康を危険に晒している。（略）

親愛なるリーフェランドの経営陣たちへ　ソーシャルパートナーとしての責任を果たしてくれ。そして、君たちの従業員や顧客を守ってくれ！　我々は、君たちの気まぐれで消耗しなければならない単なる労働力ではないんだ。

この請願活動を通じて、限界ギリギリのデリバリー運動のメンバーたちはchange.org上で1万人以上の賛同を集めるとともに、コロナ禍での彼らのこうした運動に対しては、改めて、多くのマスメディアが注目を寄せるようになった。

さらに、限界ギリギリのデリバリー運動は、リーフェランドの下での取り組みを通じて、新たに重要な権利・利益を獲得してきた。その1つとして、リーフェランドは既に契約を結んでいるライダーたち約1万人及び今後同社と契約を結ぶライダーたちとの契約を「期間の定めのない」労働契約とすることを方針として示している。

同社がこのような方針を決定したことの背景事情の1つとしては、増え続けるフードデリバリー業界の競争の存在が指摘されている。この間にフードデリバリー市場は急成長を遂げており、それに伴い、仕事の受注量の増加に対応できるだけの配送ライダーたちを確保するための獲得競争が生まれていた。こうした事情の下で、リーフェランドはより良い労働条件を提供することがライダー獲得競争において戦略的に有効であるとの認識を有しているようである。

しかし他方で、NGGや限界ギリギリのデリバリー運動が、この間に、ライダーたちをフリーランスとして扱い、あるいは、有期労働契約の期間満了を理由としてライダーたちとの契約関係を存続させてこなかったフードデリバリープラットフォームに対して抗議活動を展開してきたこともまた、リーフェランドの方針決定に影響を与えたとの指摘も見られる。

一方、限界ギリギリのデリバリー運動が新たに勝ち得た、もう1つの重要な権利がある。配送用自転車やスマートフォンなどのデリバリー業務に必要不可欠な作業用品そのものの提供をリーフェランドに対して請求する権利である。ライダーたちがこれらの権利を獲得できたのは、NGGの訴訟支援の下で、彼らが権利を裁判所に求め、そして、勝訴したためであった。この重要な訴訟の詳細については別稿に譲ることとしたいが、これもまた、運動の立ち上げ当初からライダーたちが切望してきた要求事項を訴訟の場において実現した好事例といえるだろう。

この裁判所の判断を受け、リーフェランドは、「2022年3月末までに、すべてのライダーたちに対して、業務用の自転車とスマートフォンを提供するつもりである」との声明を出している。リーフェランドが既に約1万人のライダーを抱える大規模なプラットフォームであることを考えれば、少なからぬライダーたちに影響を与える判決であることは確かである。

3　運動が目指すこれから

ここまで、「限界ギリギリのデリバリー運動」とそれをサポートするNGGの取り組みについて紹介した。最後に、今後この運動が獲得を目指しているものについても紹介しておきたい。

将来目標として彼らが最も強く望んでいるのは、リーフェランドをはじめとするフードデリバリー業界に属するプラットフォームとの間での「労働協約」の締結である。より具体的には、「公正な労働条件」として、次のような要求を満たす労働協約を望んでいる。

1. 最低でも、時給15ユーロを保障すること
2. 年末賞与（13. Monatsgehalt）を支払うこと
3. 夜間帯や日曜・祝日のシフト労働に対して適正な割増賃金を支払うこと
4. 6週間の有給休暇を保障すること
5. 最終業務終了後に自宅に帰るための交通費を全額支給すること

もっとも、リーフェランド等の使用者との間での協約交渉はまだ行われていない。というのも、協約を締結する際には使用者の同意ないし譲歩を引き出す必要があり、そのための圧力手段とし

て、労働組合が争議行為を展開することは（理論上は）可能であるものの、NGGないし限界ギリギリのデリバリー運動の場合、使用者に対する争議行為において有効な打撃を与えられるほどの十分なライダーたちを組合員として確保するには至っていないためである。

具体的には、ドイツのフードデリバリープラットフォームの下で働くライダーたちの総数は約2万人と予想されており、そのうち、リーフェランドの下で働くライダーたちだけでも1万人以上を占めるとされる。他方で、NGGが2022年6月時点で、限界ギリギリのデリバリー運動の下で組織化できているライダーの総数は約600人程度であり、NGGは、このような現状の下で使用者との間で（ときに争議行為への着手を余儀なくされる）協約交渉を行うことは困難と考えている。

しかし、だからといって、こうした協約の締結を全く実現可能性のないものとして悲観的あるいは冷ややかに捉える必要もない。NGGや限界ギリギリのデリバリー運動のメンバーたちは、双方のノウハウを生かしつつ（前者には、例えば、マクドナルドなどの組織化が困難と理解されてきたファストフード業界における組織化という点で一定の経験があり、後者には、SNSなどの新たなツールを通じた仲間づくりの経験がある）、配送ライダーの組織化に向けた取り組みを積極的に展開している。あるいは、先述したようなNGGや限界ギリギリのデリバリー運動の新たな成果を積極的にアピールすることで、彼らの取り組みに共感を持つ者が増えていく可能性もあるだろう。

NGGの担当者は、フードデリバリー業界における労働組合の組織化が一定の水準に達した段階で、使用者に対して協約交渉を申し入れたいとの意向を有している。この水準自体が既に組織化されたライダーの人数と対比して到達不可能で非現実なものではないことからすれば、そう遠くない将来に、NGGが次のステップ（協約交渉）に移行することも十分考えられるだろう。

4　ドイツからの示唆

本章で粗描してきたドイツの「限界ギリギリのデリバリー運動」は、プラットフォームワークという「集団・つながり」づくりが難しいと考えられる領域においてもそれが可能、あるいは、機能していることを示す貴重な実践例と見ることができる。

ではなぜ、ドイツのこの運動は「集団・つながり」づくりにおいて成功を収めることができたのか。本論の中で紹介した彼らの活動を振り返ると、次のような4つの要因を指摘できる。

第一には、孤立・分断していた働き手たち自身が「集団・つながり」を強く求めていたことがある。裏返せば、彼らのつながりは、誰かに押し付けられて外圧的にできたものではないということである。彼らが「絶望」と称していた運動の立ち上げ時期、そして、その後のコロナ禍といったような、文字通り「限界ギリギリ」の状態こそが、彼らを自主的な「集団・つながり」づくりへと導いたのではないだろうか。

第二の要因は、この運動がフードデリバリープラットフォームの下で働く「若い」ライダーたちによって立ち上げられたものであることだ。すなわち、ミッテンマイアー氏ら20代の若く勢いのあるメンバーがこの運動を立ち上げ、そして、彼らの柔軟な発想が「集団・つながり」づくりに役立ったものといえよう。この運動は、もともとは通話アプリ内の5名程度のライダーたちのチャットグループから始まり、そのグループがSNSでの情報発信などを通じて他のライダーや世間からの注目を集めることで仲間づくりを成功させていったものだ。このような、いわば「デジタルな仲間づくり」や世論の注目・共感の集め方は、既存の組合にとっても斬新に見えたのではないだろうか。

第三には、この運動が目に見える形で成果を獲得してきたことも、運動への参加者・賛同者を増やす要因として指摘できるはずである。特に、事業所委員会を設置することで職場内での重要な問題に関する共同決定権や使用者と協議を行う権利を獲得したり、あるいは、リーフェランドの下では、すべてのライダーに無期労働契約を結ばせるといったように、この運動が成果を勝ち取ることで、同じ業界で働くライダーたちの関心や共感を集め、それが結果として、集団・つながりの拡大に貢献しているのではないだろうか。

最後に、第四の要因としては、こうした成果を上げるうえで、既存の産業別組合がノウハウと人的資源を惜しみなく提供することで、若者の運動を積極的にサポートしているという背景も指摘できよう。

「我々が本当に実感しているのは、NGGが豊富な経験を持っているということである。(略)彼ら(NGG)は我々を見下すことなく、こうしたサポートをしてくれた。NGGは提言を示してくれたが、それを実行したいかどうかの判断は我々に委ねてくれたのである」とミッテンマイアー氏が語るように、経験と人的資源を持つ産業別組合が、あえて前面に立つことはせずに、しかし背後から適切なサポートを提供していたからこそ、この間の限界ギリギリのデリバリー運動は成功を収めることができたのであり、単に「若さだけで突っ走る」だけでは限界があっただろう。

この運動が成功を収めている理由としては以上の4点が挙げられる。これらの要因は、日本においても同様に、孤立しやすい(特に若い)働き手の「集団・つながり」づくりを考えるうえで参考になりうるのではないか。日本においても、孤立しているような働き手の中に、実は「集団・つながり」をつくりたいという潜在的ニーズが存在し、あるいは実際に、柔軟な発想の下で、自分たちに合った形で「集団・つながり」をつくろうと模索する動きがあるかもしれない。

しかし、その「集団・つながり」が単なる一時的な意見交換や情報発信をするだけでは、運動としての持続性は見込めないであろう。ドイツの限界ギリギリのデリバリー運動が、手始めに、従業員代表制度を設置することで自分たちの労働条件改善を進めていったことからもわかるように、このような形で、労働条件を実際に改善するという手ごたえや成果がなければ、つながり・集団に基づく運動の維持・拡大は難しいのではないだろうか。

もっとも、特に労使交渉によって成果を獲得しようとする際には、若さに任せてやみくもに交渉を挑んでも望ましい成果を得られるわけではない。「集団・つながり」の規模や産業構造を踏まえつつ、成果を的確に生み出すためには、まさにベテランとしての既存の産業別組合の豊富なノウハウと人的資源に基づくサポートが必要になるのではないだろうか。

ドイツの運動の経験から見れば、特に若手をサポートすることは、既存の産業別組合にとっては、第一に、組合の限られた（人的・経済的）資源を若手のために費やすことができるのかという決断が求められる問題である。第二には、「上からの押し付けではない」、新しい集団・つながりの担い手となりうる若手の主体性・柔軟性を尊重した役回りを甘受しうるのかといった点での決断が求められる問題でもあろう。そのような決断を下すことができたとき、日本においても限界ギリギリのデリバリー運動のような新しい「つながり・集団」による、勢いのある労働運動を目にすることができるのではないだろうか。

参考文献・参考資料

Ausschuss für Arbeit und Soziales im Deutschen Bundestag, Gute Arbeit und soziale Sicherheit für Gig-Worker und Crowd-Worker bei der ortsgebundenen und ortsungebundenen Plattformarbeit, Ausschussdrucksache 19 (11) 881.

change.org内のキャンペーン（Desinfektionsmittel, Schutzkleidung und bessere Arbeitsbedingungen für Lieferando-Fahrer!）

Grüneberg. Anne. Entspannter ausliefern, Frankfurter Rundschau（13. August 2021）

Gültekin, Eren. Wir haben versucht, sie mit ihren eigenen Waffen zu schlagen!, Neues Leben: Deutsch-Türkische Zeitung（18. Dezember 2020）

Hentschel, Christoph. Liefern am Limit, unzere zeit: sozialistische Wochenzeitung（16. Februar 2018）

Pantel, Paul. “Liefern am Limit”: Selbst organisierte Kuriere in der Essens-Lieferbranche, G.I.B.INFO 2/2020, S.34ff.

Schwär, Hannah. “Absolute Katastrophe”: Interne Dokumente offenbaren, wie Lieferando seine Kuriere in der Coronakrise gefährdet, BUSINESS INSIDER（17. März 2020）

Seitler, Pia .Warum dieser Fahrradkurier das Ende von Deliveroo feiert, SPIEGEL ONLINE（14. August 2019）

キリスト教民主労働者総同盟（Die Christlich-Demokratische Arbeitnehmerschaft: CDA）のFacebookページにおける２０１８年11月27日の投稿記事（https://www.facebook.com/CDADeutschlands/photos/a.518100171533548/2631345820208962/）

「限界ギリギリのデリバリー運動」のＨＰ上の記事（Lieferando: Was wir fordern!）（https://www.NGG.net/alle-meldungen/was-wir-fordern/）

「限界ギリギリのデリバリー運動」のＨＰ上の記事（Essenslieferdienst will "Rider" unbefristet einstellen: Lieferando muss liefern!）（https://www.NGG.net/it/alle-meldungen/meldungen-2021/lieferando-muss-liefern/）

社会民主党のケルン・ニッペス支部のＨＰ記事（Liefern am Limit. Gute Pizza – schlechtes Gewissen?）（https://www.spd-nippes.de/2020/01/liefern-am-limit-gute-pizza-schlechtes-gewissen/）

（本章のリンクはすべて２０２３年１月６日閲覧）

終章

これからのセーフティネットと集団のあり方

玄田有史

本書では、コロナ禍の経験を1つの重要な教訓とし、今後いっそう整備すべきセーフティネットと社会的な孤立や孤独に歯止めをかけるための集団のあり方が考察されてきた。最終章となる本章では、各章の重要な指摘を編者の視点から振り返り、あわせてこれから取り組むべき課題を整理する。

セーフティネットの課題と今後

第1章から第3章では、2000年代以降のセーフティネットの改善に向けた取り組みを踏まえつつ、コロナ禍においてセーフティネットの果たした機能に関する現時点での検証が行われた。あわせて今後のさらなる整備に向けて、いくつかの重要な提案がなされた。

第1章（酒井正）では、コロナ禍における雇用のセーフティネットについて、雇用調整助成金と求職者支援制度を中心に考察がなされ、独自の見解や提案が示された。仕事や生活の安心をもたらすものとして、セーフティネットには関心こそ高いものの、制度の中身について理解するのは、実のところ、それほど簡単ではない。そう考えると、本当に求められているのは、問題の所在をわかりやすく解き明かし、議論の遡上にのせる努力であることが、本章の丁寧な説明からもよく理解できる。

雇用に限らず、セーフティネットには、つねに二律背反の批判がつきまとう。雇用機会を維持するための施策を広げれば、労働移動の機会を妨げるといわれる。多くに十分な保障機会を確保しようとすれば、財源の問題や働く意欲の停滞（モラルハザード）などの問題がきまって指摘される。コロナ禍における雇用のセーフティネットにも、同様の批判が繰り返されてきた。

パンデミックもいつかは必ず収束することを考えれば、そのときまでの「時間稼ぎ」をすることには一定の理がある。問題は、保険の財源切れも含めて、その期限をいつまでにどのような基準で設定するのが望ましいかという「出口戦略」である。しかしながら、出口戦略の議論は国民の不安をあおることで政党にとっては選挙の敗北要因となりかねず、政治的タブーの1つと考えられるため、その曖昧な判断と運用は、今回も課題として残された。

また、生命の危険に脅かされる貧困層に対して支援を行うことへの異論は少ない。一方で、今回「第二のセーフティネット」が必要とされていたのは、職業訓練を必ずしも望んでいない、非正規雇用を多く含む中間層への対応だったという本章の指摘は重要である。つまり、中間層への職業訓練以外のセーフティネットが問われていたのである。

以前に比べて、制度のメニューは充実してきたものの、それらが依然として部分的なパッチワーク状態にあり、スムーズな切り換えメカニズムを含んだ全体最適にはほど遠い。そのためには雇用保険制度のあり方そのものを、今のうちから早急に検討しておくべきだと酒井氏は指摘する。運用実態を踏まえた雇用のセーフティネット改善の指摘が、多くの国民と説明責任を持つ関係者に広く届き、早急に議論が開始されることが期待される。

続く第2章（田中聡一郎）では、コロナ禍における生活のセーフティネットについて、生活保護制度、リーマンショック後に整備された生活困窮者自立支援制度、さらに緊急実施された特例貸付などが比較考察され、田中氏の見解が示された。パンデミックによって生活に困窮する人々が続出したが、生活保護制度の利用は思いのほか進まなかった。背景として、他のセーフティネットが機能したという面以上に、ここでも中間層の現役世代など、あまりに突然困窮に陥ったことで、保護を受けるという選択自体が整わなかった面が大きかった可能性などが指摘された。

一方で、利用が活発だったのが、住宅の喪失を防ぐ住居確保給付金、そして特例貸付という将来返済を必要とする制度だった。このうち特例貸付は要件緩和が大胆になされたことで緊急時に利用しやすいというメリットがあったが、今後は返済をしながら生活を再建する努力を利用者は求められることになる。それに対し、田中氏からは、生活困窮者に貸付を行うことは、必ずしもセーフティネットとはいえないとの見解が示された。今回の緊急時のようにやむを得ず貸付を実施するとすれば、平時からの家計管理支援のいっそうの充実など、生活のセーフティネットの量と質の両面からの編み直しが欠かせない。

さらに編み直しとして、田中氏が提案するのは、諸外国でも実施されている「住宅手当」を第二のセーフティネットとして充実させることである。空き家について、その急増や管理の困難が社会問題化している。それらの休資源を有効活用する知恵や方策を集め、衣食住のうちの「住」

の安心と安全を確保することは、今後の社会保障の1つの切り札となるかもしれない。

そして、住むという行為自体は、地域の住民になることでもある。そのためにも2010年代のセーフティネット改革以来進められてきた、地域のセーフティネットの充実は、ますます重要性が増すことになる。地域での安心・安全の手応えの感じられるつながりづくりでもある「地域共生社会」の実現は、今後も変わらない孤独・孤立防止に対する最大の防御策なのである。


第3章（平川則男）は、セーフティネットを必要とする人にそれらが届かない背景として、制度の「基盤」とそれを支える人々の直面する課題に注目したユニークな論考である。セーフティネットといえば、お金やモノ、さらには仕事や訓練の機会を提供するものと考えられがちである。しかしその基盤には、制度の適用を判断したり、実務を担当しながら、必要な支援を届けようと奮闘する人々が存在する。本章では、行政の担当者や関係者以外にあまり知られることのない支援現場の実態について、事例の紹介を含めた詳細な考察がなされた。

東日本大震災でもそうだったが、突然の未曽有の緊急事態では、支援現場は混乱を必然的に経験する。にもかかわらず、自身もときに傷つき、疲弊しながら、なんとか市民や住民の命と生活を守ろうと、奮闘している人々がいる。同時に、雇用、生活、医療のセーフティネットの基盤を支える人々は、属する機関も異なり、依拠する法律も異なるため、適切な連携が緊急時にこそ必要とされる。それらのセーフティネットの基盤を支える人々の実情を理解しなければ、理想的なセーフティネットを描いたとしても、それらは絵にかいた餅にすぎない。コロナ禍もそうだったが、混乱時には、基盤を支える人々には批判の声ばかりが浴びせられ、支援現場の疲弊ややり切れなさは深まるばかりであり、状況が収束した後は、改善策の検討も忘れられていく。

平川氏は、基盤の運営主体も多様化しているなかでは、個々人の状況や過去の経歴などに応じた個別かつ包括的な支援を行える、専門職やスキルを持ったキーパーソンを、地域間に偏りなく確保することが重要だと指摘する。そのためにも、基盤を支える人々の公的な実態調査や、それに基づく処遇改善や配置基準の適正化、事業委託や指定管理者制度の改善など、「基盤」のあり方も含めたセーフティネット改革が提案されている。

以上の第1章から第3章の考察では、多様化するセーフティネットに対して一定の評価がなされる一方で、制度の切れ目や谷間の解消に向けて、制度間の関係性の実質的な改善など、まだまだやれることが少なくないといった共通の指摘が見られた。序章でセーフティネットには、たえず編み直しをすることを意味する「セーフティネッティング」が求められることを述べたが、その意味合いを前記3編の考察からも理解いただけたのではないかと思う。

あわせてセーフティネットは、いまや一部の貧困層だけに想定される問題ではなく、中間層を含んだ誰もが必要になる可能性があるという前提で、利用者や提供者の立場などを超えて、平時から幅広く議論され、整備されるべきものであるという指摘も共通した。これらはいずれもコロナ禍とそこでの対応から学び、かつ忘れてはならない教訓だろう。

新たな集団とつながりの可能性

第4章から第6章では、社会的な孤立や孤独の広がりを食い止め、新たな集団やつながりを実現・促進していくための方策が、それぞれ独自の観点から考察された。各章で紹介された事実や事例は、新たなつながりを模索し、活動している方々に、少なからずなにがしかのヒントを提供する内容となっている。

第4章（松浦民恵）は、働き方などの多様化が進むなかで、労働者が集団として発言することが容易ではなくなっているという問題意識からスタートする。一方で、職場をより良いものにしていくためには、労働者が職場の課題について発言を集めることの重要性は、決して衰えておらず、むしろ増しているとも述べられている。

本章では、このようなジレンマを乗り越え、多様性の広がりのなかで集団的発言を有効に機能させるための方策が、貴重な事例に関するインタビュー調査をもとに、考察された。そこからは、今後の広がりが予想される、職場における新たな「つながり」とその役割が示されることとなった。

インタビュー調査は、「つながり」に関し、どのような創生・再生が行われ、中核的な担い手がどのように輩出されているかを明らかにすべく、労働組合と組合以外の職場集団を対象に実施された。その結果、より良い職場づくりに向けた集団的発言機能は、「集団化機能」「発言・吸い上げ機能」「調整・提案機能」の3つに大きく分類できるという。かつてはこれらの機能を労働組合がフルパッケージで担ってきたのに対し、現在は多様化などを背景として各機能の統合にひずみも散見される状況にあるという。

そのひずみを修正する新たな「つながり」として展開されているのが、集団的発言の「補強」と「多元化」という機能である。なかでも、多様性の普及と整合的であり、かつ集団的発言を可能とする、共通の課題を起点として自発的に形成される新たな職場集団であるERG（Employee Resource Group）の存在は、注目に値する。ERGを含む組合以外の職場集団には、従来の労働組合では主流でなかった女性やフリーランスがときにメインのメンバーとなることで、緩やかな「集団化」やフラットで自由な「発言・吸い上げ」を促進することが期待されている。

これらの職場での新たなつながりが、多様な働く人々にとってのセーフティネットになるという松浦氏の指摘には、多くの読者の共感が集まるのではないだろうか。

第5章（神吉知郁子）では、労働法の観点から、労働組合を取り巻く厳しい環境のなかでの、労使自治のあり方が問い直された。法律は、労使自治を尊重するため、自治の中身や結果に立ち入らないという基本的枠組みを70年以上にわたり、維持してきた。しかし、労働者の多様化と分断化の広がりや、経済的・時間的な余裕が多くから失われるなかで、集団的な労使自治を困難化する制度的・内在的要因は強まりつつある。「自助できる人間しか共助ができない仕組みに、持続可能性は見えてこない」という神吉氏の指摘は、深刻に受け止めなければならないものである。

ただし、同様な課題に直面してきたのは、日本だけではない。イギリスなど海外に目を向ければ、新たな「集知」「集動」（序章参照）のヒントも見えてくる。労働者が自らキャンペーンを開始・運営し、他の労働者とコミュニケーションするためにデジタルツールを駆使して活動する「オーガナイズ（Organise）」などの組織も注目される。

その上で今後、新たにつながる集団を支えるための取り組みとして、神吉氏は「私的生活時間を確保できるような法整備」「労働組合法制の見直し」、そして「労働組合自身の変革」が欠かせないと述べる。具体的には、社会にコミットする生活時間の確保、労働条件の変更などへの労働組合の主体的な取り組みを促進・尊重する法整備などが求められる。あわせて重要なのは、同質性への依拠を捨て、より多様性を包摂する枠組みをつくるために大きく舵を切る、労働組合自身の変革である。

組合関係者のなかには、変革には既に取り組んでいるという声もあろうが、未だ十分とはいえないという危機意識をより謙虚に持つべきだろう。労働組合に蓄積された情報やネットワークを駆使し、組合にのみ認められている法的保護の枠組みを最大限有効に活用することで、新たなセーフティネットはもっと広がっていくはずである。これらの期待に対しても、組合関係者はより前向きに検討し、かつ行動してほしいと願っている。

第6章（後藤究）は、困難な状況下にある働き手たちが、自分たちで「集団・つながり」を作り出し、主体的に課題を解決し、声をあげることで社会に変革をもたらした重要な事例を考察の対象とした。その事例とは、ドイツでフリーランスとして働く若者たちによる労働運動「限界ギリギリのデリバリー運動」である。

ドイツのフードデリバリー会社で働く個人請負の配送ライダーたちは、運動を立ち上げることで、無期雇用化などの職場の労働条件の改善を実現しただけでなく、政治家なども巻き込みながら、広く支持や共感を勝ち取ることに成功した。

わずか5名から始まったその運動は、SNSを活用し、絶望的な現状を率直に訴えることで、多くの仲間や世間からの支持を獲得していく。SNSの活用とならんで、運動が飛躍するもう1つのきっかけとなったのが、労働組合との出合いだった。当初組合について全く知らなかったライダーたちは、ドイツ最古の産業別組合から、従業員代表制度の立ち上げのためのノウハウの提供などを受けたことで、法的保護のもとでの成果を得ることができた。さらにその経験は、労働組合自体の活動にとっても、少なからず好影響を与えたという。

SNSを活用した運動は、政治家や政策担当者の目にも留まり、連帯宣言を含む政治運動にまで発展するなど、世論の支持を獲得していった。運動は、市場構造の変化のなかでも継続し、さらには新型コロナウイルスの感染が拡大した2020年以降には、ライダーたちのエッセンシャルワーカーとしての働きぶりがメディアの注目も集め、感謝の署名・請願活動などにつながっていった。今後運動は、数々の課題に直面しながらも、さらなる組織化などにより、公正な労働条件を実現する労働協約の締結を目指すという。

この貴重な事例が、日本の新たな集団・つながりに対して示唆するものは、きわめて大きい。労働者として認められず、過酷な働く環境にあった孤立・分断化したフリーランスの若者たちは、SNSを活用した「デジタルな仲間づくり」を通して関心や共感を広げていった。後藤氏は、日本にも潜在的なニーズは同様に少なからずあるはずで、そのためにも既存の労働組合が果たすべき役割が大切になると述べている。

このように第4章から第6章が共通して指摘するのは、働き方や働き手の多様化が進むことは、新たな集団やつながりを阻むものではなく、むしろ連帯の必要性を強めるものであるということだ。すなわち、多様化するからこそ、思いや目的を同じくする仲間との連帯が、より強く求められるのである。個人の孤独や孤立を防ぎ、新しいつながりを実現することは、決して夢物語ではなく、国内外で着実に実現しているリアルな例があることも、本書を通じて知っていただければと思う。

さらにこれらの章の指摘として共通するのは、新しい集団やつながりを実現する上で、経験やノウハウが蓄積され、権利も与えられている労働組合などの既存集団の役割とそのための意識改革の重要性である。既にある集団は、新しい集団やつながりを支え、励まし、その輪を広げることにこそ、今後の社会的な役割や使命がある。そのためにも既存集団そのものが、意識や行動を変えていく必要があるのだ。

新しいものが、生き残りながら、いつしか古い存在になることは、生存の宿命である。しかし、古いものは、単に衰退を待つだけでなく、それまでの経験などを活かし、自身も変革を怠らないことで、新たな世代や取り組みを守り育てることにこそ、その存在意義が問われている。それは労働組合にもまちがいなく当てはまる。

セーフティネットと集団の相互補完

以上、これからのセーフティネットと集団のあり方という観点から、本書の主要なメッセージを概観した。本書は、セーフティネットを取り扱ったパートと、集団を取り扱ったパートから大きく構成されているが、その根底に共通する確かな方向性が存在することを、読者には見出していただけたものと思う。

セーフティネットと集団・つながりは、これからも相互補完的に考察や検証を不断に重ねることで、社会の課題解決に向けた方策のあるべき姿が明らかにされていくだろう。

あとがき

新型コロナウイルスの世界的な蔓延により、日本で最初の緊急事態宣言が発動されてから約３年が経った。２０２０年４月、連合総研においても所員たちは毎日慣れない在宅勤務を余儀なくされていた。そうしたなかで目の当たりにしたのは、医療現場の逼迫、休業者の増加、収入の減少など、日増しに深刻化していく雇用や生活へのダメージであった。

これまでも連合総研では、リーマン・ショック、東日本大震災といった緊急事態の際には、緊急雇用対策や生活の場としてのまちづくりなどの調査研究を行い、提言につなげてきた。しかし、今回はパンデミックというかつて経験したことのない問題に直面した。それは、人との接触が難しい状況のなかで、人々はどのように働き、どのように生活していくのかという難問でもあった。いまこそ、連合総研としても、こうした閉塞状況を打開するための調査研究に取り組まなければならないという思いに至った。

こうして、２０２１年１月、玄田有史・東京大学社会科学研究所教授を主査とする「with/afterコロナの雇用・生活のセーフティネットに関する調査研究委員会」は、新型コロナウイルス感染拡大の真っ只中にスタートした。当初、「with/after」という表現には、やや迷いもあった。研究委員会が終了する頃に、コロナ禍がどのような状況になっているのか、まったく想像もつかなかったからである。

見通しが立たないままの出発となったが、研究委員会には、労働経済、社会保障、労働法、人的資源管理など、それぞれの専門分野の第一線で活躍されている研究者の方々にご参集いただいた。オンラインによる開催が続いたが、2021年1月から翌22年12月までの2年間に、計13回の会合をもつことができた。パソコンの画面越しであっても、いずれの回もさまざまな視点から自由闊達な議論が繰り広げられた。それによってキーワードが浮かびあがり、また次の議論へとつなげていく。そうして積みあげていった研究成果が本書である。

本書は、コロナ禍が浮き彫りにした諸問題の1つとして雇用や生活の質に直結する「セーフティネット」のあり方、もう1つは孤独や孤立を防ぐ「集団」あるいは「つながり」の役割に焦点をあて、それぞれ深く掘り下げた議論を展開している。おそらく、本書を手にした読者の方々は、労働組合、協同組合、NPO、市民団体、行政、大学、研究機関など、さまざまな立場にいらっしゃることと思う。それぞれの立場から、本書のメッセージを読み取り、今後の活動につなげていただければ幸いである。

最後になるが、多くの関係者の方々のお力添えがなければ、本書を完成させることはできなかった。最初から最後まで研究委員会の取りまとめにご尽力いただいた玄田有史主査、優れた論稿をお寄せいただいた各委員、研究委員会のなかで貴重なご講演をいただいた連合副事務局長・山根木晴久氏、元連合総合政策局長・小島茂氏、ならびにヒアリングにご協力いただき、それぞれの現場の詳しい実情をお聞かせいただいた労働組合や関連の団体・組織の皆様に深く感謝申し上げたい。また、本書の出版にあたり格段のご尽力をいただいた日経ＢＰの宮崎志乃氏、研究委員会の議論経過を丁寧にまとめてくれた元連合総研主任研究員・萩原文隆氏にも心よりお礼申し上げたい。

本書が「セーフティネット」や「集団・つながり」に関する論議に一石を投じることを強く期待している。

２０２３年５月

公益財団法人 連合総合生活開発研究所
所長　市川正樹

「with/afterコロナの雇用・生活のセーフティネットに関する調査研究委員会」

〈主査〉

玄田 有史　東京大学社会科学研究所教授

〈委員〉

酒井 正　法政大学経済学部教授
松浦 民恵　法政大学キャリアデザイン学部教授
神吉 知郁子　東京大学大学院法学政治学研究科准教授
田中 聡一郎　駒澤大学経済学部准教授
長谷川 智則　連合労働法制局部長

〈事務局〉

新谷 信幸　連合総研事務局長
平川 則男　連合総研副所長
萩原 文隆　元連合総研主任研究員
麻生 裕子　連合総研主任研究員
後藤 究　元連合総研研究員（現 長崎県立大学地域創造学部専任講師）
石川 茉莉　連合総研研究員

編者紹介

玄田有史 Yuji Genda

東京大学社会科学研究所教授。専門は労働経済学。

主な著書に『ジョブ・クリエイション』（日本経済新聞出版、第45回エコノミスト賞他）、『仕事のなかの曖昧な不安――揺れる若年の現在』（中央公論新社、第45回日経・経済図書文化賞他）、『働く過剰――大人のための若者読本』（NTT出版）、編著書に『人手不足なのになぜ賃金が上がらないのか』『仕事から見た「2020年」――結局、働き方は変わらなかったのか？』（以上、慶應義塾大学出版会）など。

公益財団法人 連合総合生活開発研究所（略称：連合総研）

労働組合「連合」のシンクタンクとして1987年12月に設立。

勤労者とその家族の生活向上、経済の健全な発展と雇用の安定に寄与することを目的に、国内外の経済・社会・産業・労働・福祉問題など、幅広い分野での調査・研究活動を進めている。URL https://www.rengo-soken.or.jp/

執筆者紹介

酒井 正 Tadashi Sakai

法政大学経済学部教授。専門は労働経済学・社会保障論。著書に『日本のセーフティーネット格差――労働市場の変容と社会保険』（慶應義塾大学出版会、第63回 日経・経済図書文化賞他）など。

田中聡一郎 Soichiro Tanaka

駒澤大学経済学部准教授。専門は社会保障論。著書に『検証・新しいセーフティネット――生活困窮者自立支援制度と埼玉県アスポート事業の挑戦』（新泉社、編著）、『最低生活保障の実証分析――生活保護制度の課題と将来構想』（有斐閣、共著）など。

平川則男 Norio Hirakawa

連合総研副所長。専門は社会保障論。著書に「子ども子育ての社会化をめぐる議論の変遷――こども家庭庁設置法案と安定財源」（『自治総研』第522号所収）など。

松浦民恵 Tamie Matsuura

法政大学キャリアデザイン学部教授。専門は人的資源管理論・労働政策。著書に『働き方改革の基本』（共著）『営業職の人材マネジメント――4類型による最適アプローチ』（以上、中央経済社）など。

神吉知郁子 Chikako Kanki

東京大学大学院法学政治学研究科准教授。専門は労働法。著書に『最低賃金と最低生活保障の法規制――日英仏の比較法的研究』（信山社）など。

後藤 究 Kiwamu Goto

長崎県立大学地域創造学部専任講師。専門は労働法。著書に『クラウドワークの進展と社会法の近未来』（労働開発研究会、共著）など。

セーフティネットと集団

新たなつながりを求めて

2023年5月19日1版1刷

編者

玄田有史＋連合総合生活開発研究所

発行者

國分正哉

発行

株式会社日経BP
日本経済新聞出版

発売

株式会社日経BPマーケティング
〒105-8308 東京都港区虎ノ門4-3-12

装幀

新井大輔　八木麻祐子（装幀新井）

本文 DTP

キャップス

印刷・製本

三松堂

ISBN 978-4-296-11811-3